フェルト自由自在

1985 - 2008 スピナッツ掲載フェルト総集編

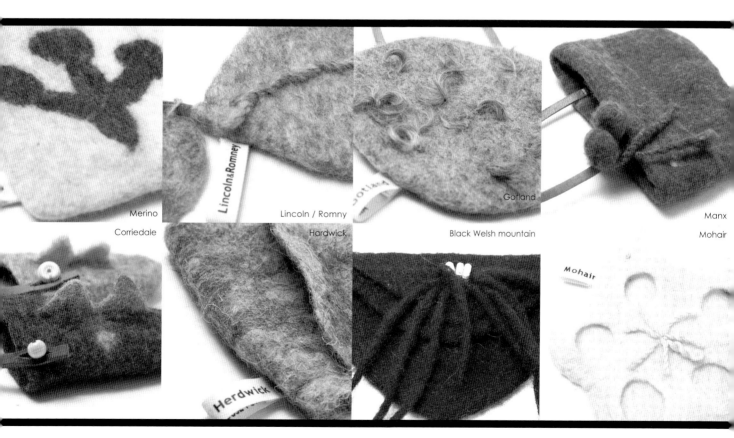

Merino

Corriedale

Lincoln / Romny

Hardwick

Herdwick

Gotland

Black Welsh mountain

Manx

Mohair

Mohair

フェルトに恋して・・・

羊毛を、洗って、梳いて、
あたたかい石けん水でこすれば
だんだんと縮んで、フェルトになります。
時間をかけてごしごしもめば
もっと固くからんでいきます。

ふわふわの羊の毛が
縫い目のない一枚の服になったり
角やしっぽのある帽子になる不思議。
羊毛からは、着るもの、帽子、人形、敷物、
そしてパオのようなフェルトの家まで
作ることができるのです。

家の中ぜんぶ、自分で作ったものでうめつくしたい。

羊に囲まれて、遊牧民の気分です。

直径3.8ｍの手作りパオの中。ちゃぶ台を囲めば大人10人。
寝転がって４、５人はゆうゆうです。

フェルト自由自在　もくじ

この本の使い方

　この本では、掲載している作品を作りましょう、という書き方はしていません。自分の作りたい物が作れるよう、基本のプロセスと、型紙を大切にしています。

　そして、自分の好きな素材から、サンプルを作り、型紙をおこし、どんどん応用していけるよう、フェルトの先輩達が、丁寧に説明、道しるべを立ててくれている本です。

本誌内に参考ページがある時は、
P.23 と表記。
もっと詳しく知りたい時は、原本のスピナッツの号数と作家名を頁下に、
⊛ 62 木原ちひろ と表記。
共通する基本の道具は P.12 をご覧ください。

　フェルトは有史以来、その歴史の中で、技法的には大きく変わることはなかったと考えられています。この本にある技法は、その中でもとりわけ大切なものが掲載されています。

　この一冊を使いこなせば、あなただけのオリジナルフェルト作品が作れます。

フェルトの基本 1

サンプルを作る

羊毛は品種によって縮み率が違う。

まず徹底的に縮めてみて、元のサイズから何％縮むかという
データを作っておくと、計画的な作品作りが出来ます。どこ
まで固く縮めるかは好みです。

サンプルの作り方

1. データを取りたい羊毛を、洗毛カードし、10ｇ用意する。

2. エアキャップに20cm×20cm の枠を書き、羊毛をタテヨコ
と方向を変えて6層置き、フェルト化させる P.12 。

3. タテヨコ表裏と均一に縮むようにローリングし、これ以上
縮まないところまで、とことん縮ませる P.13 。

┌─ **サンプル作りのポイント** ─┐

同じ量の羊毛でも、短い繊維
ほど絡むチャンス(相手＝繊
維の両端)は多くなります。
よって、メリノなど短い繊維
は早くフェルト化します。

縮み率は羊毛の体積に比例します。
薄いものを作りたい時と、厚いものを作る時では
サンプルの厚味が違います。

⊗ 薄いサンプル　　⊗ 厚いサンプル

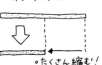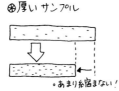

。たくさん縮む！　　。あまり縮まない！

Merino
メリノ

やわらかい毛質

オーストラリア、南アフリカ等
60 - 100s/75 - 100mm/3 - 7kg

羊毛の中で最も細番手。フェルトに最適。
早くしっかり縮んで、細かい柄が表現でき、
仕上がりも均一。肌触りもよい。

Corriedale
コリデール

やわらかい毛質

オーストラリア東海岸等
50 - 56s/130 - 180mm/5 - 7kg

メリノとリンカーンの交配種。中番手。しなやか
な繊維なのでよく絡みしっかりフェルト化する。
立体的な造形が作りやすい。帽子、バックによい。

Herdwick
ハードウィック

白髪っぽい毛質

英国湖水地方の山岳地
Coarse(粗い) /100 - 200mm/1.5 - 2kg

白髪っぽく軽くて粗剛な毛、
主に敷物用。根元にうぶ毛が
密生し、縮み率は低いがしっ
かりフェルト化する。バッグ
に魅力的。

毛番手 s（セカント）/ 平均**毛長 mm**/ 一頭あたりの平均**毛量 kg**

N.Z.Romney
ニュージーランドロムニー
光沢のある長毛

N.Z. 全域、英国原産
44-50s/125-175mm/4.5-6kg

太番手の中ではやわらかく光沢のある長毛。
キーウィクラフトなど撚りをかけない糸が作
りやすい P.14 縮むのにすこし時間がかかる。

Lincoln
リンカーン
光沢のある長毛

ニュージーランド北島、英国等
36-44s/175-250mm/5-7kg

羊毛中最も太番手で主に敷物用。羊は大きく
羊毛は光沢があり長毛。しっかりフェルト化
する。敷物、ルームシューズ等。

Gotland
ゴットランド
光沢のある毛質

スウェーデン ゴットランド島
毛先 44-48s、根元 50-54s/50-80mm/ 不明

夏毛は光沢のあるモヘヤのような毛質で、冬
毛は根元にうぶ毛が生える。フェルト化しや
すい。ルームシューズ、敷物によい。

Kid Mohair
キッド・モヘヤ
光沢のある毛質

原産トルコ、山羊の一種
50-70s/90-110mm/ 不明

光沢のあるらせん状にカールした獣毛。
フェルト化しにくいがキラキラ感が得難い。
ここではメリノを20%混ぜた。

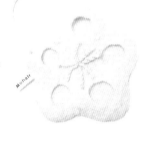

Black Welsh Mountain
ブラックウェリッシュ　マウンテン
弾力のある毛質

英国全域
48-56′s/80-100mm/1.25-1.5kg

真っ黒で短毛、弾力のある毛。フェルト
化には時間がかかるが、ふくらみのある
質感が独特、メリノを混ぜてもよい。

Manx Loghtan
マンクスロフタン
弾力のある毛質

英国マン島
46-54′s/70-100mm/1.5-2kg

原種の羊。甘茶色の膨らみのある毛。フェル
ト化に時間はかかるが、むっくりとした厚み
が良い、メリノで縮絨を助けても良い。

毛番手：s（セカント）とは羊毛繊維の太い細いをあらわす単位。1 ポンド＝約450ℊ の洗い上がり羊毛から、560ヤード＝約512ｍ の糸
カセがいくつ出来るかということ。例えば、50カセできる羊毛は、50s と表記。英国ブラッドフォード式。

素 材

「羊毛は糊」
異素材も取り込んで

フェルトはまず素材選び。初めて使う素材には、その特性を知るための縮絨サンプルを作ることは欠かせません。

フェルトに使う羊毛

スライバー、トップ羊毛
篠状に梳かれた状態の羊毛。フェルトには早くフェルト化するメリノトップを使うことが多い。

バット羊毛
布団綿の様にシート状になっていて、何層にも剥がすことが出来る。ベース部分のメイキングが簡単に置けて便利。

① 混色されたバット状のノルウェー羊毛。

② フィンシープ56ｓ、帽子やブーツ用にはカラクール等の太番手の羊毛を使う。

③⑩⑬ 手編毛糸は75％以上羊毛が入っている物を選ぶ。⑩はキーウィクラフトで作った甘撚りの糸 P.14

④ タッサシルクとメリノ（85％）をブレンドした、美しいグラデーションのトップ。

⑤ メリノのトップ、ナチュラルカラーの茶。

⑥ ロムニースライバー、ナチュラルカラー。

⑦⑫ 布フェルト用の布。シルクオーガンジーなど目の荒い薄い物を選ぶ。綿ガーゼやポリエステル、レーヨンも可。

⑧ メリノ64ｓ～70ｓのトップ。メリノは着る物に良いが、フェルトにした時伸びやすいので、敷物には向かない。

⑨ コリデールのフリース。自分で洗って染めてカードして使う。もしくはフリースのまま飾りに使ってもよい。

⑪ クロスブレッド58ｓ。ベスト、バッグなど。敷物用はやや太番手を選ぶこと。モ

ンゴルの羊毛、カラクール、ゴットランドなど。

「羊毛は糊」

羊毛は元々フェルト化（縮絨）する繊維です。フェルト化しない絹や麻、木綿、化学繊維などの異素材でも取り込んで絡め、シート状にしてくれます。「羊毛は糊」と考えて、いろいろな素材にチャレンジしましょう。

道具

使いやすい道具
自分に合う石けんを探す

① はかり 羊毛を計る。500gくらいまで計れるもの。

② タイマー きっちり10分間摩擦するなど、時間を計りながら作業するときに使う。

③ 帽子型 サイズを正しく出すために使う。発砲スチロールを自分で削り出したものでも良い。ストッキングをかぶせてすべらないようにして使うと良い。柄のない鍋や、台所のボール、子供のボールでも良い。P.29

④ ハンドカーダー 混色混毛する時に使う。

⑤ 液体状の石けん シャンプーならコンディショナーの入っていないもの。縮絨に使う。使用量はペットボトル1本約600ccに対し茶さじ1杯程の石けん分で充分、少しだけ泡が見える程度で良い。泡が多いとフェルト化のスピードはおちる。石けんは自分の手にあったものなら何でもよい。固形石けんを削ってもよい。

⑥ プラスチック容器のボトル ⑤の石けん液を湯で薄めて使う時のボトル。大きな作品の時は石けん水がたくさん出るように大

きな穴、小さな作品の時は小さな穴にする。

⑦ 固形の石けん 無色無香料で手に優しいもの。石けん分を足したいときに使う。

⑧ スチームアイロン アイロンとしても使うが、浮かせて蒸気だけで使う時もある。

⑨ 塩ビパイプ 敷物を作るとき、直径約6cm長さ1mは必要。

⑩⑪⑫ 棒 直径や堅さの違う棒を何種類か用意する。例えば⑩はウレタンの柔らかい棒、⑪は堅いプラスチック、⑫は木。一番柔らかいものはエアキャップを巻いて芯にし、棒の代わりにする事もある。

⑬ 広幅の巻きすだれ 竹製の目の詰まった、作りのしっかりしたものを使うこと。

⑭ ニードル針 くっつきにくい素材を付ける時や、デリケートな模様の修繕のために使う。

⑮ プラスチックの堅めのネット（網戸など）羊毛の上にこのネットを置いて湯をかけ、なじませるために使う。

⑯ 薄手の無地のダンボール（厚さ3mmまで）帽子などの型紙にする。切り端が堅いので扱いやすい。使う前に切り端にセロテープを貼るとよい。

⑰ エアーキャップ デコボコ面を下にして羊毛を準備する。型紙に使うこともあるがダンボールほど端が堅くない。すだれの代わりに巻いて使ったりする。ローリングのとき上下左右に弾力があるので薄い生地のとき使う。ほか、洗濯板など。

⑱ 超厚手のビニールシート 作品を上にのせてひっくり返すのに便利。米袋くらいの厚さのもの。

⑲ パリパリのビニール袋 両手にかぶせて摩擦するのに使う。（スーパーの薄手のビニール）

⑳ タオル すだれの下に敷いて、余分な水分を取る、ローリングする時に巻き締めるため、汗拭き等、たくさん用意しておく。

㉑ ラップ 突起や房を作るなど、フェルト化させたくない時に使う。

フェルトの歴史

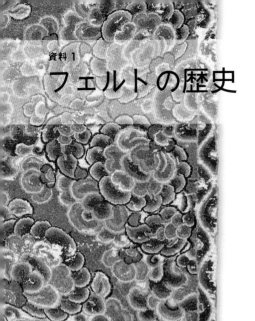

伝統的なフェルト作りの歴史、それは紀元前2800年ごろ
中国楼蘭ですでに始まっていたとされています。
そして21世紀の今日まで、フェルト作りの技法は
おそらくはその原形から大きく変わることはなかったと考えられます。

中東、中国そして正倉院

ジョリー・ジョンソン

　1991年以来、私はトルクメニスタン、カザフスタン、トルコ等のフェルト制作の現場を実際に観察してきました。例えばインドのドア飾りの②の様に単糸を使ってデザインを置いていく技法は、正倉院の花氈①でも類似の技法が用いられたと思われます。③は、1997年トルコの中央アナトリア地方で３世代にわたるフェルト名人のデザインのもの。④は、ハンガリーのケチュケメートで、1987年に開催された国際フェルト・シンポジウムで、トルクメニスタンのアシュクハバードから来た、絨毯作りの夫婦の実演です。⑤は1991年、アルタイ山脈のふもと、東カザフスタンで撮影したもので、文様を表現する異なった技法を示しています。これら３種の技法は、それぞれ異なっているように見えますが、正倉院の花氈のなかで、これらの各技法が単独で、あるいは混在して使われていることが確認できるのです。

①紺地大花文花氈（正倉院北倉）276×139.5cm ②南西インドのフェルト製ドア飾り。89×47cm
③トルコのフェルト職人によるプレフェルト文様技術。　④トルクメニスタンの絨毯のはめ込み技術。
⑤カザフの女性達によるプレフェルト文様技術「テケメット」の実演。

正倉院の花氈を試作する

　さて、下のプロセスでは正倉院花氈の中央文様部分を実際に復元作成を試みてみました。花氈のフェルト文様の表現をよく見れば、その輪郭部分の効果が異なっていることに気が付きます。①やわらかい羊毛を撚らないで用いたもの。②軽く撚られた羊毛の糸（単糸）を使ったもの。③しっかりと撚られた単糸を使ったもの。④わずかに縮絨したフェルト（プレフェルト）を鋏などで切った小片を使ったものでは、それぞれに表現が異なってきます。わずかに撚られた単糸は、線画を描くチョークのように用いることができ、自由に曲線を描き、撚られていない羊毛は筆で描いたような勢いを感じさせ、フェルトの小片は、小さく切って配置することができ、その輪郭はくっきりとしたものとなります。

　トルクメニスタン人はまず、羊毛を腿の上で片手で転がしたり両手で撚ったりして、軽く撚られた単糸を作り、それで絵を描くように筵の上に配置していきます。また通常敷物を作る時は、中央部分から仕事を始めます。これは腕の長さを考えれば人間工学的にも理にかなったことです。

　そして、輪郭と文様領域が完成すると、あいだの空間をふわふわした羊毛やわずかに巻かれた羊毛の玉で埋めてゆきます。

童子文様花氈（詳細）（正倉院北倉）　237×126.5cm
打毬用の棒と毬を持つ童子。2種類の草花がある。

この過程は何度も繰り返され、最後に外側の図柄が作られていくのです。

　輪郭の間に羊毛をうめ、図柄層の上に2、3層のよく梳いた状態の羊毛を厚く置いた後、全体を湯で湿らせ、すだれごと巻き締め、そして十分に縮絨するまで転がします。時々開いて模様のチェックをし、巻く方向を逆転させます。これを繰り返して十分に固まってきたら、すだれを取り除き、巻き直して、その後数人がかりで前腕に体重をかけて圧し転がします。縦、横、表裏と何度も巻き直しながら締めていきます。これを十分に行うと敷物生地が出来上がるのです。

原文一部抜粋：民俗藝術学会発刊「民俗藝術 vol.14」より

正倉院文様における「嵌め込み」の技術

1.

「プレフェルト」から花弁、葉文様を切り出す。

2.

切った模様を配置、花びらは単糸で作る。

3.

手紡ぎの単糸で作った内側の花弁の図柄を置く。図柄は完成時に裏向きとなるが大きな違いはない。

4.

ベースになる羊毛をのせる。

5.

完成したサンプル。

プロセスとテクニック

プレフェルト を作る

羊毛の繊維が少し絡んでいるが、まだ縮む余裕のある状態がプレフェルトです。
デザインを置くための材料として、いろんな色を用意しておくと便利です。

1. 羊毛を均一に置く

エアーキャップの裏に20cm角の型紙を書いておく。バット状の羊毛は薄くはがして、スライバーの羊毛なら少しづつ抜き取って、型紙のサイズに、タテヨコ2層、均一に置く。

2. 石けん水をかける

薄い石けん水をかける。この時かけすぎない事。石けんを泡立てるとフェルト化のスピードがおちる。

3. 表面をこする

空気を抜きながらネットをかぶせ、手でこする。羊毛に接する内側をエアーキャップの凹凸のある方にすると効果的。手にぱりぱりのビニールをはめてこする。

4. 巻き込む

いったんネットを取り、空気を抜きながらエアーキャップを芯にして巻き込んでいく。

5. ローリングをする

石けん水は少な目にかけて、足していく方が良い。芯に棒を入れて、手前から巻いていき、ローリングする。少しフェルト化したら手の平で揉みながら転がしてもよい。お湯で洗って、すすぐ。表面から繊維が少し引っぱり出せるくらいがプレフェルト。

材料

羊毛の種類は自由。
ここではプレフェルトなのでメリノを2層重ねたが、作るものによって何層重ねるか、また一層の量も変わる。

基本の道具

・うすい石けん水　水500mlに対し洗剤なら1〜2滴
・エアーキャップ　下に敷いたり、ローリング用
・ネット　石けん水をかけた後、ネットをかぶせて空気を抜くために使う。ローリングする前に取りのぞく。
・バスタオル　余分な水分を吸わせる
・タオル　雑巾も含めてたくさん

デザインを置くための下ごしらえとして、プレフェルトは作っておきます。
いろいろな色を用意し、模様に切って使います。

❀ 63 坂田ルツ子

ローリングのいろいろ

作るものによって羊毛の種類や厚み、ローリングのテクニックや時間、回数は異なります。
途中何度も巻きなおし、模様がずれていたら修正、その物にあった固さになるまで縮めます。

足でローリング

巻いて転がす

腕でローリング

棒でローリング

ローリングの姿勢

フェルトはとにかく根気強くこすったりローリングしたりの作業が長時間続きます。
無理な姿勢は、作品の仕上がりにも影響するので、自分の体格にあった作業環境を作ることが大切です。
下図を参考に、自分の仕事場を考えてみましょう。

座ってローリング

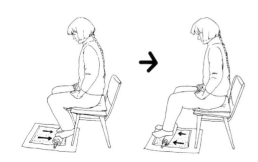

自分の体格に合った椅子の高さを座布団で調節する。

立ってローリング

机とお腹をしっかり近づけて、巻いた作品の真上に覆い被さるように立つ。肘は自然と直角になる。

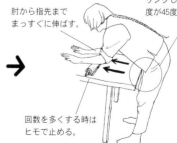

肘から指先までまっすぐに伸ばす。

机は脚の付け根からヒップの間ぐらいの高さがよい。ローリングした時に身体と机の角度が45度くらいになる。

回数を多くする時はヒモで止める。

肩の力を抜き指先から肘へ体重をかけながらローリングする。指先は意識してピンとのばす。

キーウィクラフトの糸

模様を置く時に使う　撚りのかかっていない糸

　フェルトに模様を置く色々な技法の中でも、キーウィクラフトの糸は、線描画のような正確な線を描くのに適しています。撚りが甘いので、このまま編んだり織ってから、しっかりフェルトさせると、色が混ざって違う色を作り出すこともできます。

1. 指でほぐす

羊毛を一房ずつ指でほぐし、ゴミや短い毛をとり除く。

2. 繊維を引き出して伸ばす

繊維の方向に根元から糸状に引き出し、操るようにして手のひらにたたみ込んでいく。

3. 羊毛をヒモ状にする

羊毛を伸ばしていき、手のひらにためていく。

4. ころがす

ヒモ状になった羊毛をひざの上で、手のひらでころがす。

5. 撚りはかけない

手前から向こうへ強くころがし、手前に戻すときには力を抜く。撚りはかかっていない。

6. 次の房をつなぐ

撚りのかかっていない部分を重ね、転がしてつなぐ。
洗ったり染色したウール等、脂分が少なく、まとまりにくい時は、ラノリンクリームを手につけてもよい。

7. 太さと撚りの確認

つなぎ目を確認する。

8. 玉に巻きとる

糸にころがしながら、片方の手で毛糸玉を作っていく。この状態からすぐに編んだり織ったりもできる。

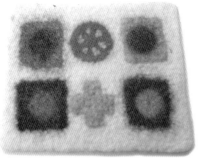
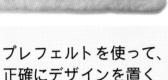

プレフェルトを使って、正確にデザインを置く

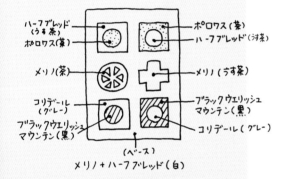

ハーフブレッド（うす茶）
ポロワス（茶）
メリノ（茶）
コリデール（グレー）
ブラックウエリッシュマウンテン（黒）

ポロワス（茶）
ハーフブレッド（うす茶）
メリノ（うす茶）
ブラックウエリッシュマウンテン（黒）
コリデール（グレー）

（ベース）
メリノ + ハーフブレッド（白）

プレフェルトを使えば、輪郭のはっきりとした模様が描ける。ここでは品種によって比べてみた。中段のメリノは細かいデザインのディテールまで表現でき、エッジもきっちり描ける。下段のコリデールは、繊維が太い分エッジがぼやけた感じになった。ベースの羊毛によっては、繊維が良く絡まり混色してしまう。鮮明な色にしたい時はプレフェルトを2枚重ねることもある。
P. 33

ポケットを作る

ビニールを挟むと、その部分がフェルト化しません。それを生かしてポケットや、襞（ひだ）を作ることができる。

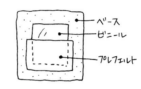

ベース
ビニール
プレフェルト

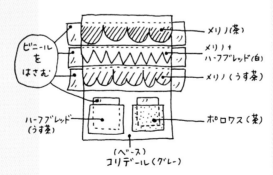

ビニールをはさむ

メリノ（茶）
メリノ + ハーフブレッド（白）
メリノ（うす茶）
ハーフブレッド（うす茶）
ポロワス（茶）

（ベース）
コリデール（グレー）

穴をあける

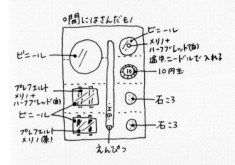

0間にはさんだもの

ビニール
ビニール
メリノ + ハーフブレッド（白）途中、ニードルで入れる
10円玉
プレフェルト
メリノ + ハーフブレッド（白）
ビニール
プレフェルト
メリノ（茶）
石ころ
石ころ
えんぴつ

石ころ、鉛筆、コイン etc・・・。何かを入れてフェルト化させ、切って取り出すと、立体的なデザインが出来る。この時下の層の色を変えると、窓からのぞいた景色の様に、いろいろ変化をつけることが出来る。P. 19

応用 **NUNOレリーフ**

横から見たところ

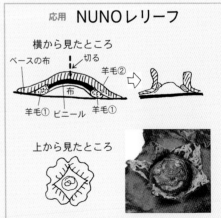

ベースの布
切る
羊毛②
羊毛①　ビニール　羊毛①
布

上から見たところ

✻ 39 Polly Stealin

切り口の断面

一層二層三層・・・と違う色を重ね、
それをはがしたり、切ったりする
事で断面を見せる。

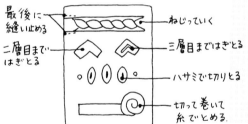

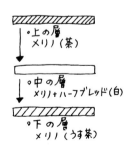

- 最後に縫い止める
- ねじっていく
- 二層目まではぎとる
- 三層目まではぎとる
- ハサミで切りとる
- 切って巻いて糸でとめる.

・上の層 メリノ（茶）
・中の層 メリノ＋ハーフブレッド（白）
・下の層 メリノ（うす茶）

突起（しっぽ）を作る
異素材や糸を置く

ひも状に伸ばした羊毛を少し
フェルト化させ、ラップをか
ぶせる。根元はそのままにし
ておく。

しめらせた手で原毛をこすりあわせとがらせる

とがらせたところだけラップをまく!

根元はそのまま!

できた!

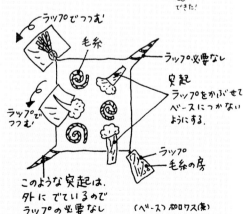

ラップでつつむ

毛糸

ラップでつつむ

ラップ必要なし

突起
ラップをかぶせて
ベースにつかない
ようにする.

ラップ
毛糸の房

このような突起は,
外にでているので
ラップの必要なし

（ベース）カロワス（案）

レース状のもの

色違いの羊毛を、ひも状に伸ばして
レースにする。

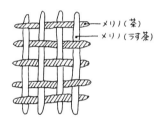

メリノ（茶）
メリノ（うす茶）

1. 羊毛を縦に裂き、伸ばして、
ひも状のものを作る。

2. レース状にひもを並べて
いく。この時、必ずしも交互
に編み込む必要はない。

3. デザインが決まった所か
ら、石けん水をかけて、動かな
いようにしておく。

テクニックの応用

布フェルトの mini マフラー

すべてのテクニックを応用して、
小さなサンプルマフラーを作ってみましょう。

材料

・シルクオーガンジー　40×120cm
・メリノトップ64 s　30 g（適宜何色か用意）
・模様にする糸 適宜
道具 P.12

1. **プレフェルトを作る**　一枚の中で色を変えてもおもしろい。
2. **布端に羊毛を置く**　斜めに置いていくと伸縮性がでる。2層目は90°角度を変えて置く。
3. **デザインを置く**　レースや突起やポケットなど。
4. **石けん水をかける**　エアキャップをかぶせてしっかり空気を抜いて裏返す。
5. **裏も2～3と同様に柄を置く**　表と別の柄でも良い。
6. **ローリング**
   石けん水をかけ、エアキャップをかぶせ、空気を抜き巻き込んでいき、荷造り紐で縛る。P.60
   Tシャツを切ってひもにした伸縮性のある紐など。始めは模様が動かないように注意しながら30回ずつローリングする。表裏前後、方向を変えて巻きなおしてはローリングする。落ち着いてきたら強くローリングする。P.13
7. **すすぎ**　羊毛が縮絨したら、今度は四つ折りにして湯ですすぐ。
8. **タオルに巻き込んでび再びローリング**
9. **アイロンをかける**
10. **花のコサージュ**　切り目を入れて立体的に仕上げる。
    シルクオーガンジーを使った場合、仕上がりは約50%に縮まる。

1

2・3

6

10

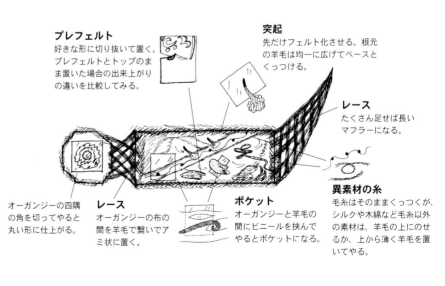

プレフェルト
好きな形に切り抜いて置く。プレフェルトとトップのまま置いた場合の出来上がりの違いを比較してみる。

突起
先だけフェルト化させる。根元の羊毛は均一に広げてベースとくっつける。

レース
たくさん足せば長いマフラーになる。

異素材の糸
毛糸はそのままくっつくが、シルクや木綿など毛糸以外の素材は、羊毛の上にのせるか、上から薄く羊毛を置いてやる。

ポケット
オーガンジーと羊毛の間にビニールを挟んでやるとポケットになる。

レース
オーガンジーの布の間を羊毛で繋いでアミ状に置く。

オーガンジーの四隅の角を切ってやると丸い形に仕上がる。

フェルトの花

花弁が幾重にも重なる花のコサージュは、真ん中に穴の開いたビニールを間に挟みながら、羊毛を何層も重ね、フェルト化させた後、花弁に切り整えて形を作っていきます。

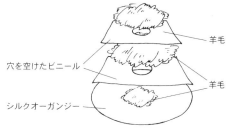

羊毛

穴を空けたビニール

羊毛

シルクオーガンジー

1. シルクオーガンジーの上に羊毛を一層置く。
2. その上に、真ん中に直径 5 cm 以上の穴を空けたビニールを置く。
3. 花弁の層の数だけ羊毛と穴あきビニールを、石けん水をかけながら、交互に重ねる。
4. 空気を抜き、フェルトする。
5. 切り目を入れて立体的に仕上げる。

❋ 64 坂田ルツ子

プリント＋布フェルト＋断面

羊毛は糊のようにどんな繊維も絡めてくれます。布フェルトは、素材とテクニックの融合と言えます。

シフォンの布に、シルクスクリーンで4色プリントし、羊毛を置き、プレフェルト状までフェルト化させる（☆）。もう一枚プレフェルトシートを作り、☆をパズルのように切って、境目にビニールを置いてフェルト化させる。最後にビニールを入れたところをカットしたもの。

❋ 70 吉谷美世子

フェルト Q & A

Q フェルトの寝袋を作ろうと思って大きな袋状の物を作り洗濯機に入れたら、小さくなりすぎて、中に人間が入れなくなったんですが、どうしたら思い通りの大きさのものが作れますか?

A まずは使う羊毛の縮み率を知るためサンプルを作り P.8、縮絨率を知ってから、必要な羊毛の量と、最初に作るべき拡大サイズの型紙を起こします。仕上げは実際に人間が入ってみて、サイズを決めてはいかがでしょう。

Q フェルトの花を作ってみましたが、層がはがれてしまいました。3層羊毛を重ねてから石けん水をかけるのですか?

A まずビニールの中心に花の中心があるか確認してください。それと穴の大きさは直径5cmはないと付きにくいです。ローリングする時に気をつけないと、うまくつきません。付きにくいと思ったら、糸で縫いつけておくか、ニードル針でよく押えておくのもいいです。石けん水は1層ずつかけても、全部一度にかけても良いです。

Q 帽子を作ったのですが、使っているうちに薄くなり、穴が開いてきました。

A フェルトを作るとき気をつけたいことは、羊毛を置くときも、こすっている時も、羊毛が動いて均一でなくなることに注意します。特に角や力の入るところを気をつけましょう。

Q フェルトでふわふわのマフラーを作ったのですが、使っているうちに首のところだけ縮んでカーブし、毛玉がいっぱい出てきてモケモケしてきました。形がくずれない様にするにはどうすればいいですか?

A 最初にサンプルを作るとき、作業する時間やローリングの回数ではなく、とことんこれ以上縮まないところまで縮ませたサンプルを作っておきます。そうすればどこまで縮むかわかります。毛玉は、最初は出ますが切っていくうちに出なくなります。でも、やわらかいふわふわのマフラーが欲しいのに、型くずれがこわいばかりに、必ずしも固くて厚いフェルトばかりを目指す必要はありません。型くずれさせたくなければ、刺繍や運針で補強するというやり方もあります。

補修の仕方

ニードル針を使って

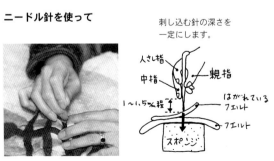

刺し込む針の深さを一定にします。

人さし指
中指
親指
はがれているフェルト
1〜1.5cm程
フェルト
スポンジ

羊毛がくっつきにくい時は、まずフェルト用のニードル針を使って繊維を絡ませます。それでもつかない時は糸で縫い付けても良いでしょう。この時、くっつけたい所の両側の毛を充分に毛羽立たせてから作業します。

ニードル針を使う時は、針の下にスポンジなどを置いて作業すること。そして針は親指と人差し指でしっかり支え、針がこれ以上中に入り込まないよう中指で位置をしっかり決めて怪我をしないように気をつけます。

※ 61 坂田ルツ子

型紙

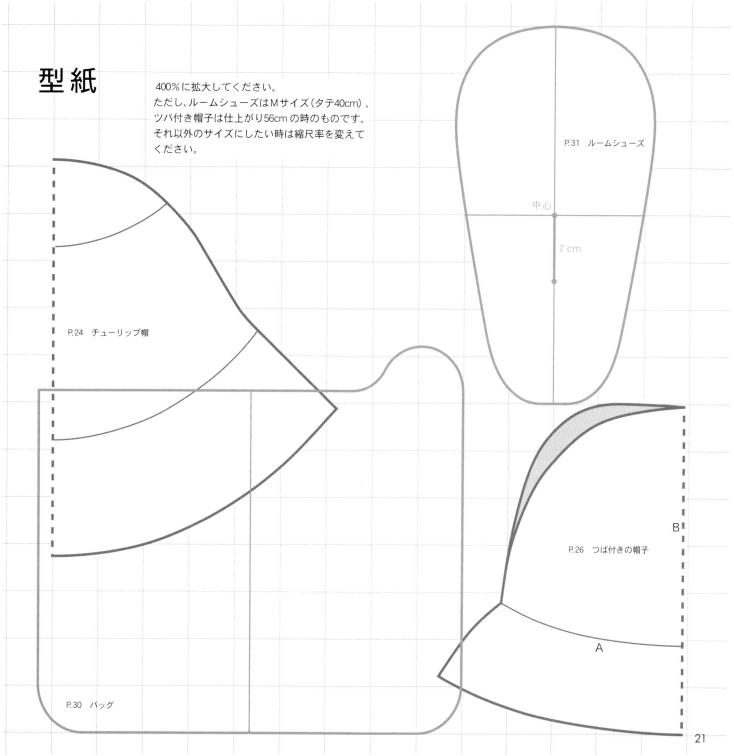

400%に拡大してください。
ただし、ルームシューズはMサイズ（タテ40cm）、
ツバ付き帽子は仕上がり56cmの時のものです。
それ以外のサイズにしたい時は縮尺率を変えて
ください。

P.31 ルームシューズ

中心

7 cm

P.24 チューリップ帽

P.26 つば付きの帽子

B

A

P.30 バッグ

21

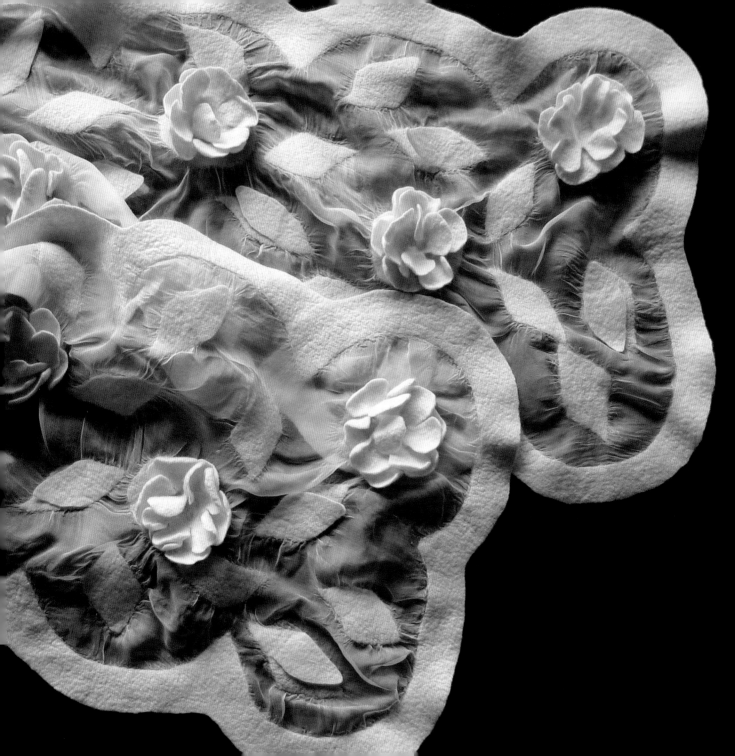

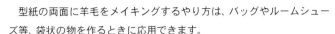

袋状のフェルト 1

チューリップ帽

　型紙の両面に羊毛をメイキングするやり方は、バッグやルームシューズ等、袋状の物を作るときに応用できます。

　このチューリップ帽で袋状の手順をマスターして、デザインも大きさも、また型紙からはみ出た羊毛の始末の仕方にもしっかり慣れて、何にでも応用していけるようにしましょう。

型紙 P. 21

材料
・メリノのバット羊毛
　出来上がり重量80g。
・デザイン用プレフェルト又は羊毛　適宜
・帽子型
　ここでは∅58cm 木製のゴミ箱に
　ビニールをかぶせて使用
道具　P.26

1. 羊毛をわける
バット羊毛とは、布団綿状になっている羊毛で、6〜8層に分けることが出来る。1層分の羊毛を一度に置けるので、少しずつ並べていく手間が省ける。
ここでは仕上がり80gの帽子なので、型紙の両側に、それぞれ4層づつになるよう、8枚にはがしておく。工程はブリム付き帽子参照 P. 26 。

2. 表裏交互に羊毛を置く
デザイン用の羊毛を型紙の上に置いてから、バット羊毛を、タテヨコ繊維の方向を変えながら2層ずつ重ねる。そのつど、石けん水をかけ、こすってフェルトする。表−裏−表−裏と、各2層ずつ4回羊毛を重ね終えたら、ブリムの端を5mmほど切り落とし、中の型紙を抜いてひっくり返し、またこする。

3. 帽子の型にはめ仕上げる
直径56〜58cmのカゴ等をを帽子型に利用 P.29 。形を整えていく。
かなりフェルト化したら、すすいで石けん分を取り、アイロンをかけて仕上げる。

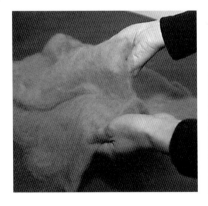

チューリップ帽は全ての帽子の原型。

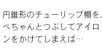
円錐形のチューリップ帽を、ぺちゃんとつぶしてアイロンをかけてしまえば…

→
バッグに入れてもコンパクト！

❀ 米良裕子

帽子の型紙 ― 寸法の測り方

型紙の底辺の寸法 A ＝ 1 / 2 a ＋30％

型紙の高さの寸法 B ＝ 1 / 2 b ＋30％

5cm角の方眼に型をおこす。厚手のビニール袋（米袋やショッピング袋など）にマジックで型を書き写し、ハサミで切り抜く。

30％というのは羊毛の縮み率のこと。羊毛によって縮む割合は違うので、**まず使う羊毛のサンプルを作ってからとりかかるとよい。**
例）a が56cm、b が33cm の人だと、 A ＝36cm　B ＝22cm　になる。

帽子のデザインの基本形とその展開について

帽子のデザインには、上から見た形で型紙を作っていくタイプと、
横の断面で型紙を作っていくタイプがあります。

◉上から見た形で作る型紙（ベレー帽など）

仕上がりサイズより30％
程大きな経の縁。それを両
面、羊毛を重ねて最後に片
方の真中を丸くくり抜き、
ギュッギュッと広げてがぶ
れるようにする。

穴は小さめに切った後、
広げていく。

◉横から見た形で作る型紙

ブリム（つば）付きの帽子
を作るときは、その大きさ
に合わせてブリム分を付け
足します。

チューリップ型の原型

型紙

できあがり

P.26　ハット原型

or

◉応用として突起のあるものは・・・

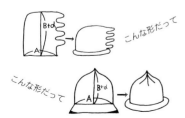

こんな形だって

こんな形だって

こんな形だって自由自在！

ジャバラで折りたたむ分を
プラスした型紙を作り、最
後につまんでヒダを作る。

帽子作りのポイント

毛質を知る
羊毛の毛質をよく知る。毛によって縮み方も違うし、出来
上がりの質感も違う。フェルト化に時間がかかっても、ほ
しい質感もある。フェルト化しにくい毛を使う時はメリノ
等やわらかい毛をカードの段階で混ぜてやるとよい。

ムラなく置く
メイキングの時の置き方がポイント。丁寧にムラがないよ
うに置く。時々上から押さえてみて薄いところには毛を補
うようにする。

羊毛の量
必要な羊毛の総グラム数をまず2等分して（表・ウラ分）、
その次に4層重ねるので4等分し、量を確認する。ちなみ
に帽子1つあたりの原毛の量は50g～100g。

ブリム付きの帽子 フェルトの完成度を高める

材料
・羊毛
表側：コリデール56ｓ / グレー
　　　スライバー状羊毛　40ｇ
裏側：メリノ64ｓ / 緑
　　　バット羊毛　40ｇ

道具
・帽子型
・型紙 P.21　出来上がり寸法56cm
　ここでは左側をふち高にしたので、
　型紙も斜線部分が余分に加えられている
・めん棒2種
　∅3cm×60cm と ∅2cm×25cm
・ヒモ、アイロン、ネット

しっかり手間をかけたブリム付きの帽子。仕上げにミシンのステッチをかけたり、リボンを付けたりは自由。ブリムのラインに変化をつけています。

1. 羊毛の量を計る	**2. 表面：茶の羊毛を置く**	**3. 石けん水をかける**	**4. 裏返して端を折る**	**5. 茶の羊毛を置く**

1. 型紙の裏表を同じ分量にする。今回は4層羊毛を重ねる。表裏が異なる色にするので、各色2層づつ4等分する。

2. エアーキャップの上に型紙を置き、スライバー状の羊毛を少しづつ抜きながら均一になるように並べていく。

3. タテヨコ2層に並べたら、ネットをかぶせて薄い石けん水をかける。その後、空気を抜いてこする。この時ビニールを手にはめると毛がからみつかない。

4. ネットをはずし、ビニールをかぶせ、裏返して、型紙からはみ出た羊毛を内側に均一になるよう折り込む。羊毛が重なる角は鋏で切り落とす。

5. 2と同じように裏面に茶の羊毛をのせる。
3、4と同じように石けん水をかけ、空気を抜き、こすって、裏返す。

左側がふち高になるよう仕上げたいので、
型紙も片側に山を書き足してある。

帽子型紙 P.21

6. 裏面：緑の羊毛を置く

裏面は、緑のバット羊毛を均一にはがして使う。方向を変えて2層のせる。型紙からはみ出たところは取り、足りないところは足す。

7. 裏返して同様に

裏側にも緑のバット羊毛を2層重ねる。同じく石けん水をかけ、こすっていく。裏返して、ビニールを手にはめてこする。

8. 中の型紙をぬく

半フェルト状になったらブリムの端から5mmぐらいのところを切り、中の型紙を抜く。

9. 再びこする

裏返して再びしっかり表面をこする。

10. 90°角度を変える

角度を90°変えて、つなぎ目で厚くなったところを平らにし、こすってなじませる。

11. 巻き込む

エアーキャップと一緒にめん棒に巻き、ひもで2か所縛る。

12. ローリング

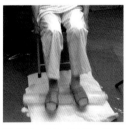

足でローリングする。巻きなおしては、表裏、方向を変えながら100回づつ計400回転がす。これを繰り返して型紙の面積の2／3ぐらいになるまで縮める。

13. 力を入れてこする。

全体を力を入れてこする。特にエッジを丁寧にこする。

14. 立体的にフェルトする

立体的な帽子の形にもってゆく。ブリムを横方向にひっぱり、よくのばす。この時、帽子の天とブリムの部分をよくこすってしっかりさせる。

15. 帽子型にかぶせる

帽子型にかぶせてみる。全体の形をみる。トップのひだの位置を決める。

形、表面、固さが
ビシッと決まるまで手をかける

16. 力を入れてこねる

大きければ、縮めるために
ビニールに入れて力をいれ
てこねる。

17. 形を整える

帽子の形に整えていく。こ
のとき、帽子の天とブリム
の部分をよくこすってしっ
かりさせる。

18. すすぐ

帽子型のサイズまで縮んだ
ら、ぬるま湯で2～3回す
すぐ。そのあと1分間脱水。

19. ローリング

小さいめん棒を使って、ブ
リムをめん棒でローリング
する。

20. 全体の形を整える

帽子型にかぶせサイズを見
る。トップの深さ、ブリムの
広さなど、全体の形を整え
る。デザインの部分を洗濯
バサミでつまんで形を決め、
変化のあるデザインをした
ところは、仮縫いしておく。

21. アイロンをかける

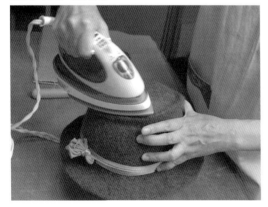

帽子の周りをヒモでくくり、
帽子の天からアイロンをかける。

22. めん棒でローリング

小さいめん棒を使って形を
整えていく。トップの部分
が形良く出来たら、ブリム
の部分を仕上げる。

23. ブリムの幅を整える

ブリムの幅を計りながら足
りないところはペンチで伸
ばして均一にする

24. 仕上げ

サイズ通りにするために裏
にテープを縫い付けて出来
上がり。頭のサイズは、男
女関係なく、おおよそ56cm
から58cmになります。

帽子型のいろいろ

ここでは市販の木型を使用。

写真の様に手作りの帽子型でも良いが、完成度を高めるには人間の頭の形に近い楕円型で、しかも力の入れやすい木製の帽子型が使いやすい。

① 市販の木製の帽子型。サイズは58cm、頭の形にあわせて楕円形になっている。下半分は取り外せる。 ② ダンボールで作った帽子型、56cmで楕円に作ったもの。(下記) ③ ②と同じだが、サイズの調整のため、厚紙を一周させて1cm大きくしてある。 ④ 台所用のステンレスのボール、円周56cm。 ⑤ 菓子の缶、市販のカゴなど、円周56cmの、深くて力の入るものが良い。

ダンボールで帽子型を作る

材料、道具
- 段ボール　薄手のもの
- 綿のひも　∅0.5cm程度　290cm
- 古ストッキング、布製ガムテープ、釘（強力接着剤でも可）

出来上がり寸法
19cm×17cm×好みの高さ
すこし楕円形になります。

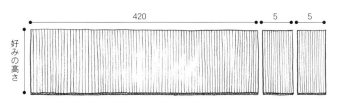

1. 図のように段ボールをカットする。

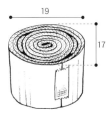

2. 端から段ボールを巻き、楕円形になるように途中小片をはさみ、巻き終わりを平らにしてガムテープで止める。

3. 2の楕円と同サイズの楕円形2枚（1枚は底用）と直径を1cmずつ減らした楕円形の段ボールを4枚用意する。

4. 2に3を順にくぎで止める。強力接着剤でもよい。

5. 段差ができないように、1枚ずつの縁にひもを巻く。

6. ガムテープを全体にはる。しわにならないように斜めにはる。トップも底も隙間なく。

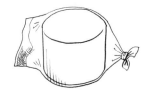

7. 6に古ストッキングの足部分をかぶせて左右の下の方で結んで止める。

NHK「おしゃれ工房2001年2月号　ジョリー・ジョンソン」より再編

袋状のフェルト **3**

バッグを作る 持ち手の付け方

　バッグは袋状の応用。帽子にひも状のフェルトを作って、
本体にしっかり取り付けます。

作り方 P. 32
出来上がり　34×24×6 cm
型紙はマチ分を考えて深めにとってあります。
コリデール　260 g

ペットボトル入れ。冷たいものは
冷たく、熱い物は熱く保ってくれ
る。素材はメリノ。
∅ 7 ×21cm　60 g

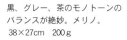

ゴットランドのくりくりステイプ
ルがかわいいバッグ。コリデール
のナチュラルカラー。
33×30cm　140 g

黒、グレー、茶のモノトーンの
バランスが絶妙。メリノ。
38×27cm　200 g

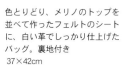

深紅色はコリデール。ブルー
フェイスレスターを同じ色に染
めてステイプルの形状をそのま
ま地紋に生かしたバッグ。麻の
裏地を貼ってある。
36×26cm
裏地込み重量210 g

色とりどり、メリノのトップを
並べて作ったフェルトのシート
に、白い革でしっかり仕上げた
バッグ。裏地付き
37×42cm

ルームシューズ

厚みと固さで 耐久性と履き心地を目指す

　ルームシューズは、帽子のベレーの型に切り口を付けたものと考えられます。しかし、毎日履いて使うものですから、耐久性が求められます。特につま先とかかとは穴が開きやすい所なので、しっかり厚みをつけます。土踏まずにも羊毛を重ねると、履き心地が良くなります。帽子が4層羊毛を重ねるとしたら、ルームシューズにはしっかり6層。片足120ｇ使いますので、両足でちょうど帽子2つ分の羊毛を使います。

　フェルトのルームシューズなら、日本の和室の畳も痛めることなく、脱ぎ履きしなくていいので重宝します。

基本の考え方　作り方P. 33

　作業は両足交互に、平行しておこなう。羊毛は甲より底、特に土踏まずに多く置く。片足あたり120ｇ羊毛を使う。

　型紙に羊毛を置くたび石けん水をかけて羊毛を落ち着かせる。羊毛は底ー甲、交互に6回重ねる。

　デザインは、ベース部分が型紙より一回り小さくフェルトが落ち着いてから切り口を作り、ひっくり返して模様用のプレフェルトをニードル針で押える。模様が落ち着いたら、帽子と同じようにローリングして60％近く縮める。ほとんど縮ませてから、切り口を履きやすい大きさまで切り広げる。

　仕上がりサイズは自分の足のサイズより、外形で2cm程やや大きくしておくと良い。

材料
・ベースの羊毛　左右で240ｇ
　太番手で毛足の短いバット羊毛が使いやすい。リンカーン、ゴットランドなど。必ずサンプルを作って縮絨率を知っておく。
・デザイン用プレフェルト又は羊毛　適宜
・型紙　薄いボール紙で作る。

道具
・洗濯板、ニードル針、メジャー

仕上げはかかとがポイント。皮のつまみを付けると脱ぎ履きがしやすい。底に皮を張っても良い。左端はスリッパ。

バッグの持ち手の付け方

材料
・56s コリデール　バット羊毛200 g
・模様用の羊毛　適宜

型紙 P. 21

基本の考え方と工程

1. 模様を置いて、ベースの羊毛を置く
エアーキャップの上に型紙を置き、プレフェルト等デザインとなる羊毛を置く。
文字を入れる時は逆字にする。
ベースになる羊毛を二等分し、型から羊毛が少しはみ出るくらい（約3～5cm）に、厚みを均一に縦横2層に置く。

2. 石けん水をかけ裏返す
エアーキャップを上からのせ、羊毛を手で押さえながら、裏返す。まだ摩擦しない。
裏側にも、デザインとなる羊毛を先に置き、型紙からはみでている羊毛を折りこむ。この時、はみ出ている羊毛にも水分をしっかり含ませてから折り込む。バッグの上部は折りこまずに残す。袋状のものをつくる。

3. 持ち手を作り、本体と手を合体　（下イラスト）

4. フェルトする
エアーキャップを被せ、空気を抜き、水分をしみこませる。ビニール袋を手にはめてこすっていく。この時、力を入れすぎると下のデザインがずれる。取っ手の部分を先につけ、表面がフェルト化するまで摩擦をする。

5. タオルの上に置いてローリング
下のデザインがベースの羊毛についたら、厚手のタオル（バスタオル）を下に敷き、半分に折ったかばんをのせる。ぎゅっと巻き込み、全体重をかけるようにしてローリングする。縦、横とかばんの向きを何度も変え、一気に縮絨させる。

6. 形を整えて仕上げ

底にマチをつけたい時
同じテクニックで袋状のバッグを作り、仕上げの段階でマチ部分にステッチをきかせれば、マチ付きのしっかりしたバッグになる。

持ち手の作り方

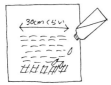   

10g位の羊毛（長さによって調節）を均一に置き、巻き始めの部分にしっかり石けん水をかけてしみこませ、ぎゅっぎゅっと巻き込んでいく。

石けん水を充分ふくませて、転がす。この時両端には石けん水がかからないようにする。

取っ手の端の羊毛はフェルト化させず扇状に広げて接着面が大きくなるようにし、バッグ本体の上に置く。取っ手の位置がずれてないか、型紙を確認しながら置くこと。接着部分にしっかり石けん水をかけ、手で押さえながら空気を抜く。

糸でしつけをしておくと、より確実。残しておいた上部の羊毛を、取っ手の接着部分に重ねられるように、折り込む。石けん水をしっかり含ませてから折り込むこと。同様にもう片方の取っ手も付ける。

※ 58 坂田ルツ子

ルームシューズの作り方

型紙 薄いダンボールで作る
Mサイズ（23〜24cm）　タテ40cm×ヨコ22cm
Lサイズ（24〜26cm）　タテ45cm×ヨコ25cm
切り口は中心から7cmかかとに向かって切る。

ここでは縮み率が60%の羊毛を使った。羊毛によって縮み率が違うので、
作りたい足のサイズ÷縮み率で、型紙のタテの長さを決める。
例えば、足のサイズ24cmで縮み率60%なら、24cm÷0.6＝40cm
27cmなら、27cm÷0.6＝45cmの型紙でスタートする。型紙は左右同じ。

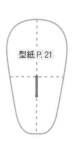
型紙 P. 21

1. 1回目　底の羊毛

1回目の足底の羊毛20g（片足分）を、タテヨコ2層置く。ネットをかぶせて石けん水をかけ、手でこすって空気を抜く。

2. 裏返す

シートをかぶせて裏返し、はみ出た羊毛を内側に折り返す。この時、シートにそれぞれどちらの作業をしているかわかるように、甲、底と書いておくと良い。作業は両足平行して進める。

3. 内に折り甲の羊毛

2回目の足甲の羊毛20gを1と同様にタテヨコ2層重ね石けん水をかける。1〜3を6回目まで繰り返し、底ー甲交互に毎回タテヨコ2層ずつ、石けん水で空気を抜きながら重ねていく。

4. 土踏まずは羊毛を多め

ただし羊毛の量は、**3回目の足底には30g**と多く、土踏まずとかかとに盛り上げる（写真上）。**4回目の足甲は10g**と少なめ、5、6回目は**各20g**。

5. 切り口に目印

6回目の足甲の羊毛をのせたら、センターから下へ7cmの位置に、プレフェルトで切り口の目印をつける。石けん水をかけながら、全体を内側に向かってこすり、縮めていく。

6. 切り口を開ける

型紙のサイズからひとまわり小さくなったら、目印をした、中心からかかとに向かって7cmの切り口を開ける。型紙を出して裏返す。

7. 模様をつける

模様のプレフェルトは2枚重ねて置くと色が濁らない。ニードル針でしっかり刺して止める。模様が落ち着くまでは手でこすり、その後全体をもんで模様を定着させ、さらに縮めていく。

8. 全体を縮める

模様が動かなくなったら、タテヨコ折り目をずらしながらローリングする。P.12仕上がりサイズに近づいたら履いてみる。かかとから6cm切り残しておく。

9. かかとを縮める

洗濯板を使って、かかと、つま先に丸みを付け、全体をこする。かかとを引っ張りながら左右のサイズを合わせる。すすぎ脱水し、形を整える。

10. 仕上げる

特にかかとは、しっかり立ち上がらせる。すすぎ脱水し、形を整えて仕上げる。

布フェルトの
ベスト、ジャケット

形を決めてから作る

型紙 P. 35下段

　羊毛だけで仕上げるベストやジャケットと違い、布に羊毛を絡ませてフェルトを作ると、ぐっと薄手で軽やかな、しかも丈夫なジャケットが出来ます。

　最初に仕上げたい形を決めてから、その寸法に合わせて縮めていく方法です。型紙は洋服の仕立ての型紙を使い、羊毛の縮み率にあわせて拡大、まず布フェルトをつくってからカット、縫製して仕上げます。

絞り染め＋布フェルト＋重ね染めのベスト 作り方次ページ

 表
 裏

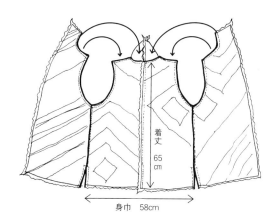

着丈 65cm

身巾 58cm

織布（身頃）＋フェルト（衿、ヨーク）のベスト

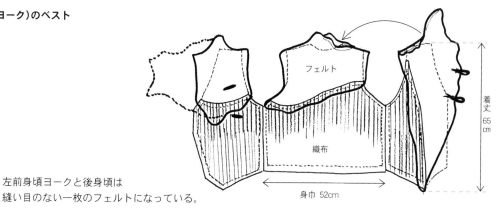

フェルト

織布

着丈 65cm

身巾 52cm

左前身頃ヨークと後身頃は
縫い目のない一枚のフェルトになっている。

折り紙のようなジャケット

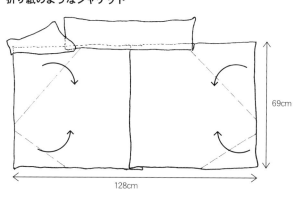

128cm

69cm

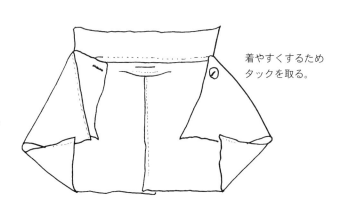

着やすくするため
タックを取る。

絞り染め＋布フェルト＋重ね染めのベスト

サンプルを作って計画的に

　大きな絹ジョーゼットのスカーフ2枚を使って、布フェルトのベストを作ります。

　絞り染めしたスカーフの裏に羊毛を置き、スカーフのふちかがりを生かして、ベストの前立、衿、裾をフリルのようにするデザインです。

材料

- 絹ジョーゼットスカーフ
  110×110cm　2枚
- 64sメリノトップ黒　210g
- 絹のまわた　白、黒
  染色したもの　各少々
- ラナセット染料
  ブラックBGL、ブロンB
  ラナセットソルト

1. サンプルを作る

表　　　裏

ジョーゼットの布に20×20cmの正方形を描き、羊毛5gを2層に置きフェルトする。しっかりフェルトになったら、タテ、ヨコの縮絨率をチェック。今回は14×14cmになったので縮絨率は70％。使った羊毛量も記録する。

2. 型紙を作り、拡大する

ベストの型紙の原型から、縮絨率70％なので各部分の長さを約1.4倍に拡大する。適当な厚みのフェルト地にするため1のフェルトサンプルの重さから、全体の原毛の使用量を見積もる。今回の場合は、メリノトップ黒が約210g必要。

3. ベースの布を絞り染め

拡大した型紙をもとに、ジョーゼットのスカーフを絞り染めする。白になる部分はビニールの荷造りひもを使って絞り、イルガランラックBGL5％で染色。(黒は染料が5％必要) スカーフを半分に切って染色。

4. 布の裏面に羊毛を置く

うすい石けん水を用意しておく。エアーキャップの上に絞り染めしたジョーゼット布を裏面を上にして置き、黒の羊毛を薄くタテ、ヨコ2層に置いてゆく。羊毛の厚みが均一になるよう気をつける。

5. 石けん水をかける

ネットをかぶせ、石けん水をふりかけ、ビニール袋をかぶせた手で押さえる。

6. 羊毛をこする

前たて、衿などフリルになる部分の羊毛を布から1cm内側に折ってネットをかぶせ、丁寧に押さえこする。布端には羊毛を置かないのでジョーゼットの布がフリル状になる。

7. 布に絹を置く

裏返して表面に白と黒の絹のまわたを使って模様を置き、石けん水をふりかけて押さえておく。拡大した型紙をビニールに写したものを上から置き、模様のバランスをチェックする。

8. ローリングする

エアーキャップを一緒に棒に巻き、方向を変えて何度もローリング。始めはあまり力を入れずに転がし、だんだん強くローリングする。

9. すすいで脱水

染色でも縮絨が進むので、20〜25％ぐらい縮んだら、ぬるま湯で洗って脱水する。同様にして4枚全部を20〜25％まで縮める。

10. 重ね染めする

ラナセットブロンB　0.7％
ラナセットブラックBGL 0.1％
ラナセットソルト 20％
で全体をうす茶色に染める。

11. 布フェルトを仕上げる

染色後、形を整えてサイズを計り、30％まで縮んでいない時は、布が乾く前に再びローリングして30％まで縮める。端のフリル、角が直角に出来ているかどうかがポイント。

12. 縫製して仕立てる

型紙に合わせて裁断しベストに仕立てる。

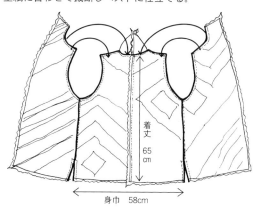

着丈 65cm

身巾　58cm

衿

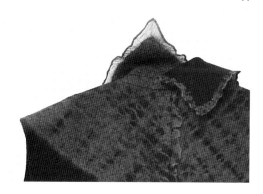

布フェルトの
ブラウス

縮ませながら形を作る

　前項のベストが、計画とおりのサイズに仕上がる事を目指して作るとしたら、このブラウスは対極。最初に倍の大きさの奴さん型に縫製した布の上に、縮ませたいところに羊毛を置いて、自由に形を作っていきます。布端や縫い代も羊毛で包み込まれますので、端の始末もいりません。同じ原型から粘土のように形を作っていく、ライブ感たっぷりのフェルトです。

かたちも色も自由自在

羊毛の量によって、縮み率が違う

0.5gの羊毛を、

20cm角の布に
フェルト化させると

1層0.5gは
8cm角に縮み

2層1.0gは9cm角に縮んだ。
羊毛が少ない方がよく縮みます。

型紙 A　今回使った型紙

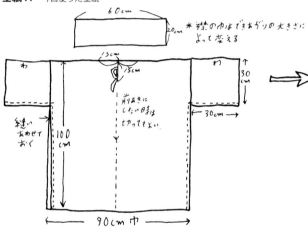

＊襟の巾はできあがりの大きさに
よって考える

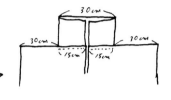

衿ぐりに切り込みを入れておく。
裾は裁ち落としたまま、切りっぱなしでかまいません。

型紙 B　少しフレアーにする時

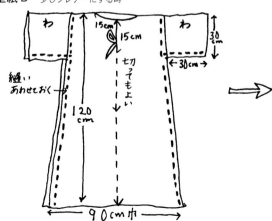

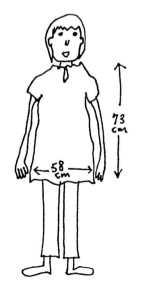

縮ませながら
形を作っていく

半袖ブラウスの材料

・綿オーガンジー　巾90×260cm　綿ガーゼ、綿ローン、など目の荒い薄手の柔らかい布
　タテ、ヨコとも50％縮むと考えて、出来上がりの倍の大きさの布を用意する。
・カード済メリノ64ｓ など、1着分約100ｇ　ここでは半袖ブラウスで60ｇ使った。
・エアーキャップ　30cm角くらい

1. 奴さん型に縫製

布の耳はあらかじめ切っておく。型紙Aで、2倍の大きさにブラウスを縫製し、中表にする。縮めたい部分の下にエアーキャップを置いて準備完了。

2. 羊毛を置いていく

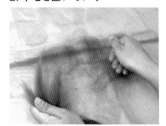

カード済みの羊毛を端から繊維の方向にそって薄く取り、布にのせていく。羊毛が絡みやすいようにヨコ、タテと2層重ねる。厚手にしたい部分、衿などは3層に、薄くしたい部分、裾は1層でもよい。ブラウス全体に羊毛を置いてからフェルト化させるのではなく、両手で作業がしやすい範囲の30cm角づつ羊毛を置き、1ヶ所できれば横にずらし、30cm角づつ作業していく。バット羊毛なら薄く1層にはがして、一度に置いても良い。

3. 石けん水をかけ、こする

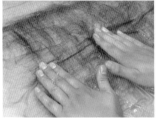

30cm角に羊毛が置けたら、石けん水をかけて浸透させる。最初はなでるようにして、羊毛をからませる。羊毛がすこし落ち着いたら、しっかりこする。すなわち手と羊毛と布が一体となり、エアーキャップと接している布の面が摩擦されるようにして、フェルトさせる。(羊毛だけでフェルトを作る時とは、摩擦している面が異なる。)

4. フェルト状態をチェック

羊毛をつまんでみて、布も一緒に持ち上がる位が目安。羊毛と布が1つになったらずらして、また羊毛をおいていく。2〜3の繰り返しで布全体に羊毛を置いていく。作業は途中で中断することもできる。

同じ半袖ブラウスの原型からの応用

半袖ブラウス

半袖ボレロ
前を切って

長袖ジャケット
袖を付けて

タンクトップ
肩をくって

ベスト
前を切って

ノースリーブ
袖なし

5. 縫い代も襟ぐりも同様に

縫い代は先に開いておく。羊毛は、縫い代も襟ぐりも同じようにのせて、自然に布端を包むようにフェルトさせる。

6. 全体を縮絨

全体に羊毛をのせ終わり、縮めたい部分の羊毛がくっついたら、少し力をいれて全体を縮めていく。手で擦り合わせたり丸めたりする。

7. すすぎ

すすぐ時にも縮んでいくので完全にフェルト化させずに、少し手前ですすぎ始める。たらいにぬるま湯をため、ザブザブと洗う。次に水で同じようにすすぐ。この時一気にぐっと縮む。
石けん水がきれいに流れたら30秒～1分脱水。

8. 全体のバランスを見る

ハンガーにかけて眺めてみる。もう少し縮めたい部分があったら、またその部分に羊毛を置いて縮める。すでにしっかりフェルト化しているところは、それ以上羊毛は重ねられないので、その部分は水の中で力を入れて揉む。脱水したあとは影干しにする。

布と羊毛、そして
色の組み合わせはいろいろ…

着るもの 3

編みフェルト

大きく編んで縮める

Before　　after

フェルトは、羊毛から始めるやり方だけでなく、編んでから縮ませるやり方もあります。編みあがりのサイズから、50％近く縮めますので、目がつまり、安定した形のジャケットやベストができます。もともと糸だったものを縮めるので耐久性もあります。

また、編みフェルトのおもしろさの一つに「色の変化」があります。縮絨は繊維同士がからみ合うことで、色と空気が混ざり、毛羽立ち、独特の色調を作り出します。カラフルであっても、けっしてけばけばしくならず、柔らかく落ち着いた色合いです。編みフェルトを作る時、目の前に何色もの染めた糸を並べて、どんな雰囲気にしようか、この色とこの色を合わせたらどうなるだろう、使ったことのない色を使ってみようなどと、気楽な感じで色糸を手に取り配色を楽しむことができます。

編フェルトのベスト

出来上がりサイズ　着丈60cm、肩幅34cm、裾60cm、重量400ｇ。

材料
・18番手のメリノ梳毛糸４本どりの糸　１本
・絹糸（細めのもの）　１本
　ひきそろえて編む。絹糸を一緒に編みこんでいるのは、
　多様な配色ができ、光沢があるため、布に表情が出る。

縮絨の仕方

1. ゆるめのゲージで機械編みし、縮み率を計画してから、
各パーツを服の形にはぎ合わせて縮絨する。
10％濃度のモノゲンを湯に溶かしておく。

2. 48℃ぐらいの湯に半分量のモノゲンを入れ、その中に
１時間漬け込む。

3. 42℃ぐらいにして、全体的にまんべんなく撹拌する。
　　　　　（表面積の大きい衣装ケースで行う）

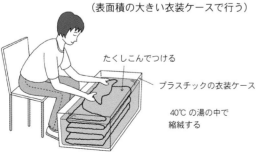

たくしこんでつける

プラスチックの衣装ケース

40℃ の湯の中で
縮絨する

編みフェルトに適した糸

羊毛が入っている糸なら、梳毛糸でも紡毛糸でも縮絨する（羊毛が多く入っているほうが良い）。縮み率が糸によって違うので、まずサンプルを編んでから計画する。甘撚りのキーウィクラフトの糸もよく縮む。

編みフェルトの型紙
編みサンプルを作って縮み率がわかったら、作りたいものの出来上がりサイズに、縮み率を掛けて、大きなサイズに編んでいく。

4. 表面が毛羽立ってきたら縮みにくい布の端の部分（袖口、身ごろの端）から手で揉み始め、全体に揉んでいく。布の端を多めに揉む。揉む位置を少しづつずらしていき、これを繰り返す。

例えば　　布の端は20回揉むとしたら　　中ほどは10回揉む

5. ぬるくなったら42℃の湯に変えてモノゲンを少し入れ、その中で揉む。

6. 縮絨がだいぶ進んできたら40℃の湯に変えて、慎重に揉む。
袖の長さがそろっているか、左右の丈や巾は大丈夫かなど、気を付ける。

7. 脱水して縮絨具合を確認。

8. すすぎをかねて湯を変え、形を仕上げる。

9. 脱水後、形を整えて網の上で乾燥させる。

10. 生乾きの状態で、アイロンを布から少し浮かせてスチームアイロンとドライアイロンをかける。
縮絨は約2〜3時間くらい。

織りフェルト

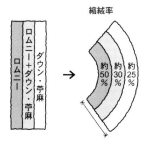

縮絨率

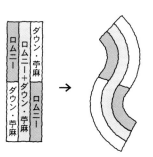

布地は約30％縮んでいる

織物は仕上げで縮絨させます。しっかりフェルト化させて「織りフェルト」にすることも出来ます。縮み率の違う羊毛を組み合わせるとカーブする布も作れます。縮みやすい羊毛（ロムニー）と縮みにくい羊毛（ダウン種）を経糸に並べて織り、縮絨するとカーブができ、それを組み合わせればS字カーブになります。経糸をロムニーからダウン種へ、ダウン種からロムニーへ変わるように整経すればよいわけです。

親子でつくる
フェルトの人形

みんなで遊ぼう

ここで紹介するフェルトの人形は、小さな子供でも作れます。
「棒使い人形」「パペット」「あや操り人形」、いずれも袋状のフェルトの応用です。
出来上がったら親子で人形をつかって遊んでください。

棒使い人形

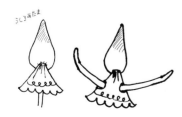

頭 袋状につくる。

衿 シート状につくる。ギャザーをよせて首回りに縫いつける。頭の切り口の縫ったあとをかくすように縫い付ける。

腕 ひも状につくる。衿に2ヶ所穴をあけて腕を通す。腕の先に針金を通して動かせるようにする。

パペット

手の表情がダイレクトに伝わるのがパペットの魅力。使い込むほどにフェルトと手とがなじんで一体化してくる。

1. 自分の手の大きさに合わせた型紙を作り（羊毛の縮み率を考えて大きめに作る）、頭と胴体を袋状につくる。耳の形を変えればウサギにも猫にもクマにも。

2. 胴体フェルトに頭をかぶせる。箸などを使って、隙間から中綿をつめこんでいく。鼻の先にもしっかりと。

3. 頭の形が整ったら、目、鼻、口を刺繍する。長い針を使って、糸の処理は頭フェルトの内側にくるように。

4. 頭のフェルトと胴体のフェルトを縫いあわせる。耳もつける。

あやつり人形

十字につけた木の棒に、ヒートンをつけて人形を糸で吊るす。木の棒を左右に傾けるだけで表情ゆたかに動く。

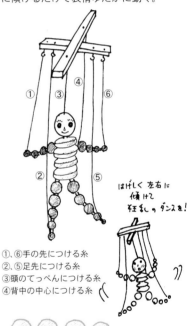

①、⑥手の先につける糸
②、⑤足先につける糸
③頭のてっぺんにつける糸
④背中の中心につける糸

手足 フェルトボールを糸でつなげる。動きやすいように、糸は少しゆとりをもたせて縫いつなげていく。

おなか 丸い型紙で、ざぶとんカバーのような形を4つ作ってつなげる。

頭 鈴が入っている。動かすたびに笑い声のような鈴の音がする。

棒使い人形

手足が動いて、表情豊かな人形たち

　気に入った木の枝が 1 本あれば、この人形が作れます。

木の棒を背筋に見立て、片手で棒の下を握り締め人形を操ります。フェルトで作った長い手足、

その先の手のひらと足先を袋状にしておけば、いつでもそこに指を突っ込んで、思い通りに演じることが出来ます。

手足が動いて、表情豊かなアクションが自慢の人形です。

材料

・ベース用羊毛　直径10cm の顔で約30 g
・デザイン用のカラー羊毛や毛糸など　適宜
・中ワタ　適宜
・木の枝、もしくは造花用針金　背骨用
　人形の大きさに合わせた太さを用意。
　18番針金にテープなどを巻いても良い。
・洋服　ズボン用生地

道具

・ペンチ、適当な大きさの石

人形遣いのワンポイントアイディア

頭の後ろにUの字型の
針金を縫い付けておく
と、頭を操るのに便利。

足の裏のS字フックで
足音タンタン。

関節は、ヒートンを 2 つ
繋げて自由自在。

袋状の頭　型紙のポイント

　横顔の型紙…動物の頭など、奥行を出したい時。

　前から見た形の型紙…人の顔など。

いよいよ人形劇のはじまりはじまり…
キャンバスの木枠の両側に、カーテンを付けるだけで
ステージに早がわり、プーラちゃん登場！

弟のメーメーです

雲之助が誕生するまで

1. 顔の羊毛を並べる

ベースになる羊毛をタテヨコ3層おいてから、その上に羊毛や毛糸を使って顔をつくる。手にビニールをはめて、湯をかけながら空気をぬく。

2. 型紙をのせ端を折る

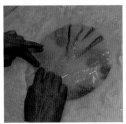

顔の型紙をのせ、はみ出た羊毛を折りこむ。顔のデザインになる羊毛を先に折る。型紙の上にも同様にベース羊毛をタテヨコ3層おき、湯をかけ空気を抜く。

3. 石けんをつけて摩擦

ひっくり返してはみ出した羊毛を折りこむ。石けんを指で付けながら摩擦する。

4. 型紙を抜く

フェルト化したら、後頭部の下のほうに切り目を入れ、型紙を出します。

5. 表に返して整える

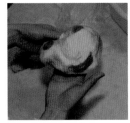

裏返して形を整え、石けんを付けて摩擦する。

6. 手をつくる

石を芯に入れてフェルトのボールをつくる。この時、腕になる紐とのジョイント部分はフェルトさせずに残しておく。

7. 腕とつなげる

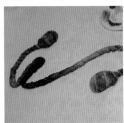

かばんの手の要領 P.32 で紐をつくる。首の部分で胴体にくくりつけるので、少し長めに右手、左手それぞれを紐の端につける。特に手首はしっかりと。

8. 手の中の石を出す

フェルトしたら、手首に切り目を入れ、石を出す。指を入れて摩擦し、形を整える。切り口が指を入れて動かす部分になる。

9. 足をつくる

楕円形の型紙で袋状の足をつくる。フェルト化したら、二つ折りにした真ん中に切れ目をいれ、型紙を出す。指を入れてこすり、形を整える。もう片方も同様に。

10. 頭と背骨のジョイント

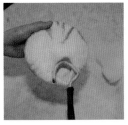

背骨用の針金にフェルトを巻き、縫いとめる。頭に差し込む部分はかぎ状に曲げ、切り口から中に入れる。箸などを使って中綿を詰める。ほっぺのふくらみ、あごのとんがり等も、箸を使って整えていく。

11. 頭を安定させる

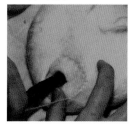

詰め終わったら、同じ色の
Y字に切り込みを入れた
フェルトを縫い付けて、切
り口を閉じる。棒の首に腕
を結びつける。

12. 髪をつける

髪の毛にする羊毛を縫いと
める。

13. 足はL字にする

足を二つ折りにし、真中を
縫いとめてL字状にする。
袋状になっているので、指
を入れることが出来る。

14. ズボンを縫う

ズボンを縫い、ウエストは
ギャザーをよせて、棒の胴
体部に縫いとめる。

15. 握り手を作る

胴体の棒の先は、しっぽの
様にズボンから少しはみ出
して縫いつける。はみ出し
た部分が人形を動かす時の
持ち手になる。裾にもギャ
ザーをよせて、足を縫い付
けて完成。

おしゃまな
クマさん

ピノキー
別名ハナミズさんは
フットワークがいい。
どこでもスイスイ

はじめまして
僕は雲之助です

お世話好きな
プーラさん

激しく踊る
ピエール

ニードルフェルトとは

近年、ニードル針で作るニードルフェルトの人形作りが大人気です。一本の針で繊細な表現ができるというのが人気の理由。かたや工業レベルでもニードルは、ここ数十年で不織布の世界を急成長させた画期的な技術です。

今回は、ニードルフェルトフェルトとは何かを、(株)フジコーの鈴木龍雄さんと京都芸術大学のひろいのぶこさんとの座談会から再構成しました。

どんな繊維でも絡ませる魔法の針

ニードルフェルトの歴史は、150年前のヨーロッパにおいて、羊毛のように本来フェルト化する性質を持たない麻ぼろ等から、フェルト状のものを作りたいというのが原点です。

当時、麻屑などの雑繊維や、古い織物を裂いてほぐしてシート状にして、羊毛のフェルトのようにかためる方法がないか、というのできざみの入った針をあみだし、機械的に突いて繊維を絡めました。

日本でも「刺し子」と言うものがあり、それはピアノ鋼線の材質で、断面が三角の鋼線を、適当な長さに切って先を尖らせ、その三角形の稜線のところにヤスリで刻みを入れると、鈎（かぎ）ができます。それを稜線に添って大体３本ずらして入れ、螺旋状に刻んで作った針を並べて、ぐっさぐっさ上下に刺すという試行錯誤を、主に雑毛・反毛（リサイクルウール）を使って、戦前にやっていました。シート状の繊維が上に上がってこないように２枚の板のあいだにシートをはさみ、上の板には針の位置に穴が開けてられていて、針と板が同時に下に降りてシートが動かないようにし、針が上に上がったときに下のシートを少し進ませ、繊維が均一に絡んでいくようにしています。針の刻みに方向があるので、針が下にさがる時に毛を絡ませ、針が上がる時はスムーズに上がるというものです。車の座席の下に敷いてあるようなシートは反毛を使っていて、しっかりフェルト化していなくても、絡んでいればいいというわけです。われわれ工業化の歴史ではそれを効率化して作ろうとし、１分間に3000回くらい針が上下するような機械にまで発展してきました。

フェルトは羊毛でなくてはフェルトになりません。しかしニードルフェルトなら、あらゆる繊維がシート状に加工できます。化学繊維から木綿、麻、鉱物繊維、ガラスやステンレスの繊維でもできるのです。

ニードル針　刺し子機の針

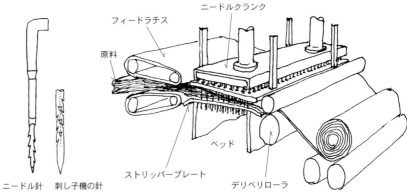

フィードラチス　ニードルクランク　原料　ストリッパープレート　ベッド　デリベリローラ

	工程	素材	ウェブの状態
羊毛のフェルト	水を使う	動物性繊維	平行で OK
ニードルフェルト	ニードル針を上下に刺して絡ませる	あらゆる繊維 化学繊維、木綿、麻、鋼物、ガラス、ステンレス 25mm 〜 75mm	あらゆる方向にランダムにウェブ状に重ねる。（用途によって違う）

ハンドクラフトのフェルト

水から作るフェルトのバック
袋状のものが出来る

ニードル針で作る人形
細かい表現が出来る

ジャンルにはこだわらない
素材と技術と規模を自由に組み合わせる

　さて、織物のように糸を作らない、シート状のものといえば、「紙」「フェルト」「不織布」。その紙の素材はパルプ、フェルトは羊毛、そして不織布はありとあらゆる繊維が使えます。しかし工程的には不織布は、まず繊維の方向を揃えなくてはいけません。その上で物理的に針で刺すなり熱なりで化学処理をします。「回転」して糸を作る織物とはまったく違う構造物なのです。

　21世紀の現代は、織り、編み、紙、フェルト、不織布という技法や工程、素材によって用途やジャンルを定義づけることには、もはや意味がなくなってきています。

　何に使いたいかというニーズがあり、そのニーズにあわせて、素材の特性を生かし、どの工程で加工したら一番最短距離か。そしてどの規模で、どのくらいのニーズがあるのかということで選択肢が決まってきます。現在の製造の現場では、ジャンルと素材と工程が自在に交錯しているのです。例えば近年発電所では、作った電気を蓄電し必要な時に放電する炭素繊維で作ったフェルトが、蓄電池として使われる技術が開発されています。

　このように今繊維の世界は、着る物だけでなく、生活のありとあらゆるところに応用されています。

織、編、フェルト、不織布、紙の製造工程の流れ

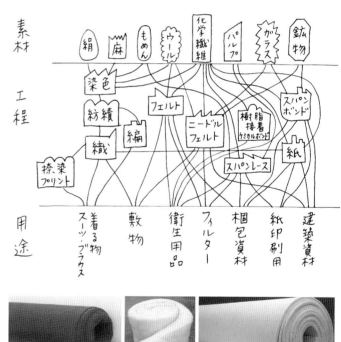

左から　アクリル系耐炎化繊維（半炭素繊維）/ 羊毛の断熱材（サーモウール）/100％ウールのフェルトシート

ニードル針でつくる人形

骨組みをしっかり作って自立する

　ニードル針に出来て、石けん水を使う
フェルトに出来ないこと。それは例えば、
アイシャドーを入れて目の表情を作り込
むなど… 細かいディテールはニードル
針が得意です。

　でも体の大きな部分は、石けん水を
使ってフェルト化させたほうが、表面が
きれいに馴染みます。もちろん服や靴は、
余り毛糸やハギレを使ったり、刺繍をし
たり。
　一つの人形の中に、いろんなテクニッ
クを凝縮することができるのです。

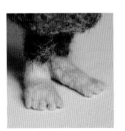

人形の骨組みをつくる
針金だけで立たせる

材料
- ベース羊毛
  メリノトップまたはふくらみのある国産サフォーク
- デザイン用羊毛　短くちぎって使う。
- ペーパーフラワー用U字針金24番
  人形1体に10本程度。

道具
- ニードル針　ベース用に太針、仕上げ用に細針
- ニッパー　針金をひねるのに使う
- スポンジ
  羊毛の色ごとにスポンジは替えた方がよい。
  特に白は専用を用意する
- ハサミ、木工用ボンド

1. 頭と首をつくる

針金のU字部分の先から、ニッパーで3回ほど畳むように折り曲げていく。

2. 首の部分と腕

2本を首の長さ分だけねじり、両腕になるように二股に開く。腕の長さを決めて、手首から指を1本ずつ作る。

3. 手指、腕を作る

針金を曲げて、指の長さ分ねじり、次の指へ。一筆書きの要領で手指を作り、首まで元の針金に巻きながら戻る。反対の手も同様に。
2本目の針金を、首の付け根から肩、腕、手の先、また肩へ戻りながら、1本目と逆方向に巻いていく。

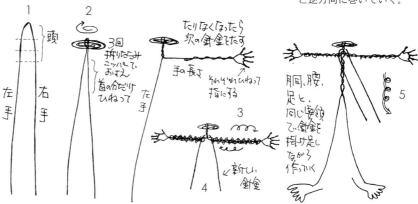

途中で針金が終わったら、針金の先端を3mmほどきゅっと折り返し、内側へ入れ込むと危なくない。

自立するには背骨と足

かかとと、土踏まずまで しっかり作り込む

4. 背骨をつくる

針金3本目。U字の輪を首に引っ掛けて、腰骨の位置を決め、腰骨までねじる。その先は足になる。

5. 背骨を強くする

4本目の針金を3本目と同じ様に首に引っ掛け、2本一緒に背骨に巻いていく。腰骨まで来たら、両足にそれぞれ巻いていく。背骨に針金が7〜8本重なるくらい、重ねて巻いていく。

6. 針金を二股に開く

足の長さを決め、かかとの位置で曲げる。

7. 足の指を作る

手と同様に、足の指を一本ずつ作っていく。一周したら、かかとでねじる。足の付け根まで、針金を巻きながら戻る。針金が途中で終わったら、次の針金を腰骨の部分に通し、両足に巻いていく。

8. 足を立体的にする

かかとと甲は、針金を念入りに絡ませ、ふくらみを作る。甲から足首まで、地面と平行にぐるぐるとゆるめに巻き、残りは足に巻いて端を始末する。

9. 男性は肩を作る

肩幅を決め、首を中心に肩に針金を巻きつける。肩の端から腰骨に向かって斜めに針金を渡し、残りは背骨に巻く。女性の場合は肩は作らない。

10. 骨組み完成

この段階で自立させる。大きなものをつくる時は、はりがねを何重にも巻きつけると良い。

骨組みのポイント

男と女
男性は肩のところに三角形に鎖骨を入れます。女性は入れずになで肩にすると女性らしい姿に仕上げることができます。

立たせるためには
針金で作った背骨が真ん中を貫いていること。そして、首、肩、腰、足首の関節がしっかりしていること。特に足の甲には何度も針金を巻いて土踏まずまでしっかり作ると、立たせることが出来る。

針金を何重にも
まわして足を作る

羊毛を少しずつちぎって体を肉付けしていく

後姿が決め手

11. 指

羊毛を10cmくらいに切り、少しずつ取り分ける。1本の指に1房ずつくるくると巻きつける。この時、骨組みの指先に木工用ボンドをほんの少しつけつつ巻くと、しっかり止まる。
巻き終わったらニードルの細針でおさえる。これを5本分繰り返し、端は手の平に巻きつけニードルでおさえる。指の間の余分な毛羽立ちをハサミでカットしておく。足の指も同様。

12. 手の甲

指の時より多めに羊毛を取り、手の平から手首へ巻き、ニードルで押さえる。手の平側から甲へ向かって、指の間にも羊毛が入るように上からトップをかぶせ、ニードルで押さえる。足首から下も同様。

13. 頭部

繊維の方向をいろいろに変えながら、頭の大きさ分の羊毛を巻きつる。首の部分を持って、ニードルの太針でおおまかに頭の形を作っていく。

14. 顔の形

少しずつ羊毛を巻いて肉付けしていく。ニードルで形と大きさを決め、首にも羊毛を巻きつけ、ニードルで押さえる。

15. 裏返す

全身も少しずつ羊毛を巻いて肉付けをし、ニードルで形と大きさを決めていく。

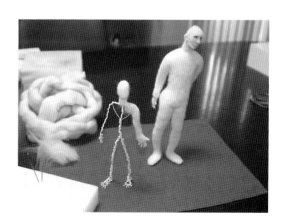

顔の表情を作る
メイクアップをするように

四つ折りに開いて
両側に聞いて刺す。

鼻

16. 目、鼻、口の位置

目と鼻の位置をニードルで押さえてくぼませ、口の部分は横からニードルを入れて、ふくらませる。あごのラインを決めて、整える。

17. 小鼻をふくらませる

羊毛片 の両端を開いて、鼻の位置に置き、ニードルで埋め込む。小鼻の部分をニードルで刺してふくらませる。

18. 瞳を入れる

羊毛を小さく丸め、目の玉を作る。ニードルで埋め込む。

19. 一重まぶた

羊毛片 を作る。まぶたの幅の分だけ縦にちぎる。ニードルの細針を使って丸みをつけ、下まぶた、上まぶたの順に埋め込む。上まぶたは下よりもやや大きめに。

20. まつ毛のアイライン

茶色の羊毛をごく細くとり、まぶたのぐるりに沿って、アイラインをひくように埋めていくと、目の表情が豊かになる。余りをハサミで切って整える。

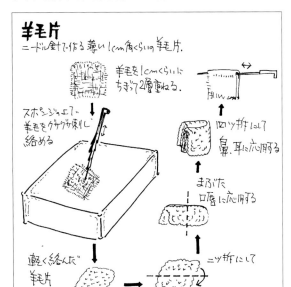

羊毛片
1. 羊毛を少し取り出し薄く広げ、ニードルで打ち付けて平面を作る。それを半分に折りニードルで刺し、毛を絡める。
2. さらに四つ折りにし、輪の部分に、ニードル針の背が添うように入れ、ぐさぐさ刺して角を立てる。この部分が鼻になる。

四つ折りにして
片側に倒して刺す

耳

21. 上唇下唇

羊毛片 を作る。上唇はニードルで中心のくぼみを作る。下、上唇の順に埋め込む。まつげと同様、唇の間にシャドウの線を入れる。女性の場合は、ピンクの羊毛をさすと表情が豊かになる。

22. まゆげを描く

適当な量の羊毛を埋め込む。

23. 耳は餃子

羊毛片 を作り、端と端をギョウザの様にくるっと丸め、耳の形にする。埋め込む羊毛が頭の後ろ側にくるように折り、耳の位置に刺す。

24. 全体を整える

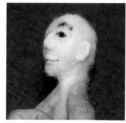

目、鼻、口ができたら、顎を引っ張りだしたり、後頭部や頬の高さを出すなど、ニードルで整えていく。羊毛がふくらんでくるので、しっかり刺し、形を決める。

25. 髪の毛を植える

糸でも羊毛でも好みで1本1本細く撚って植え込んでいく。頭部ができたら好みの服を着せて仕上げていく。

骨組みをしっかり作っておけば、どんなポーズでもできます。

ヌードで体を作ってから、服を着せます。

敷物の応用 **1**

チェアマット

小さくても
厚みと固さがポイント
伝統的な模様の作り方の練習

材料
・ベースになる羊毛　約100g
　リンカーン、ゴットランド、カラクール、
　モンゴル羊毛など太番手のもの
・飾り用羊毛　適宜

道具
・綿布、ゴザ、塩ビパイプ、ペンチ、木槌、丸棒

1. 糸などで模様を描いていく

35×35cmの枠を油性マジックでエアキャップに描く。エアキャップの下に模様を描いた下絵を置く。デザインの羊毛を置く。模様が細かすぎると、縮絨した時につぶれてしまうので、大きめのはっきりとした模様にする。隙間を埋めるように羊毛を置いて、表面の模様を完成させる。

2. ベースを重ねる

タテヨコと方向を変えてベースの羊毛を重ねる。マジック線の内側隅々に、厚みが均一になるように置く。何層にするかは羊毛の状態や用途によるが、全部で6層ほどの偶数にするとよい。

3. 石けん水をかける

まずは最初の下半分の羊毛に石けん水をかける。このときネットをかぶせて空気を抜きながら作業をしてもよい。

4. 残り半分をのせる

3層目に飾りの羊毛の房を入れ、続けて残りのベース羊毛を3層重ねる。最後に裏面の模様を置く。

5. 端を整える

フワフワしている端を下絵にあわせて形を揃える。羊毛の端は折らない。

6. 表面をこする

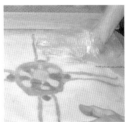

ネットをかぶせ、3と同様に石けん水をかけ、空気を抜いていく。固形の石けんをこすりつけても良い。表面の模様がおちつくまで、手でやさしく摩擦する。

7. ゴザに巻き込む

エアキャップに上下挟み込み（デコボコ面は外側）、しっかり空気と余分な石けん分を抜きながら、棒を芯にしてゴザに巻き込んでいく。

8. 紐で縛り、転がす

しっかり巻き込んだらロープで縛る P.60 。二人が向かい合わせになって、フェルトを巻き込んだゴザを、前後に休まず滑らかに転がす。(約5分)

9. さらにローリング

腕を使って転がす。
5分　↓タテ
5分　↑逆に巻き直してタテ方向

10. 広げて模様を確認

巻きなおすたび、ローリングで形や模様がずれていないか確認する。ずれていたらこの時矯正しておく。

11. 足でローリング

足で100回ローリング、一旦巻き直し、方向を変えて100回。

12. 巻き直す

綿布に包んで再度かたく巻き直す。
水分が足りなくなれば、暖かい石けん水をかけることが必要。

13. 腕を使ってローリング

表裏それぞれその都度巻き直してしっかりローリング。
㊂　50 回　↑↓
　　50 回　→
　　　　　←
㊃　50 回　↑↓
　　50 回　→
　　　　　←

14. 布から出す

棒で四隅からローリング。好みのサイズになったら、お湯ですすいで脱水。

15. 全体を整える

16. ペンチで形を整える

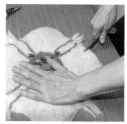

17. アイロンで仕上げ

大きな敷物をみんなで作る

トルコのフェルト職人は、フェルトの敷物を、何度もたたみ直し方向を変え、何時間も壁面に打ちつけて仕上げていくといいます。そんな大きくて分厚い敷物を1人では作ることは出来ないけれど、もしフェルト好きが2人3人集まれば、大きな敷物を作ることが出来ます。また、出来上がった敷物を切り分ければ、チェアマットとして一人一人持ち帰ることもできます。

材料

85×175cm の敷物を作る。

・ベースになる太番手羊毛は、品種や大きさ、厚みにもよるが、1〜1.5kg 必要。

・飾り用羊毛　適宜

はっきりとした模様を 空間をあけて置く

1. 綿のシーツに枠を描く

綿シーツに油性マジックで枠を描く。今回出来上がった敷物は、参加者で切り分けるため、参加者の人数で分割する。

2. 模様を中央から置いていく

軽く撚った単糸 P.14 や、プレフェルトや、羊毛を丸めて作ったボールを綿布の上に置いていく。小さい模様は、ずれたりつぶれたりしやすいので、空間をとってはっきりとした模様にする事。

3. バット羊毛を置く

模様の上にバット羊毛を、1層ごとに方向を変えながら置いていく

4. 端をそろえる

均一な厚みにして端をマジックの線にそろえる。羊毛にもよるが、6層ぐらいの偶数層にする。

5. 石けん水をかける

ネットをかぶせてから、ジョウロもしくは手鍋に穴を空けたもので、シャワー状に熱い石けん水が全体に振りかかるようにする。

6. 足で踏んでいく

四方の中央から外側に向かってすこしずつ丁寧に足をずらせながら踏む。水分を馴染ませながら空気を抜いていく。

7. 手でこする

ネットをとり、ビニール手袋をはめた手に石けんをつけ、皺をのばしながら表面を整えていく。ふわふわしているところは石けん水をかけ、空気を押し出す。

模様がずれないように
何度も巻き直してローリング

8. 布をかぶせる

綿布に描いた線にそって布を折り返す。角の部分が厚くならないよう、全体に均一になっているか確認する。

9. 敷物を巻き取る

直径6cm以上の塩ビのパイプでゴザの端から巻きはじめ、続いて敷物も皺が出来ないように巻いていく。

10. 締めロープの準備

モンゴルのやり方で、ロープを波状に置く。

11. ロープで縛る

両端のロープをすくいながら通して均等に締める。

12. 足で踏み、馴染ませる

敷物を転がすことの出来る戸外に持っていき、まず敷物を踏んで全体に水分を馴染ませる。

ロープの縛り方

ござ

1. ゴザで包む

2. ヒモを波状に置く。
ヒモは長目に残しておく。

残り長く

3. ヒモの上に巻いた敷物をのせる

4. 残しておいたヒモで左右から波の端をすくいながら通し、真ん中で結ぶ。

13. ロープを使ってローリング

敷物のまん中に長いロープを掛け、2人それぞれ両端を持って、リズムをあわせて往復させて、ローリングを始める。

14. ゴザを開け、裏返す

ローリングは表面2方向、裏面2方向と計4回する。4回毎に開けて綿布ごとひっくり返す。生地が堅くなるにつれて作業時間を長くする。

15. 石けん水をかける

常に皺が出来ないよう、ずれないように、開けるたびに、かたちを修正しながらすすめる。必要に応じて石けん水や熱い湯をかける。

16. 模様の修正

ゆっくりと布をはずし模様をチェックする。薄いところがあれば原毛をのせ足す。剥がれた所は縫糸で止めたりニードル針でおさえたりする。

17. 再度巻きなおす

全体に石鹸水をかけて手で摩擦し、表面を整えてから逆方向に巻き込んでいく。

18. ロープで縛る

次第に硬くなってきたらロープの締め方をきつくする。

ローリングの回数

1. ロープで巻いて転がす　手順13

模様が下	タテ10分	↑
模様が下	タテ20分	↓
模様が上	タテ30分	↑
模様が上	タテ30分	↓

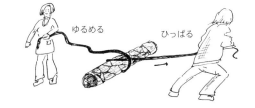

ゆるめる　ひっぱる

2. 足で踏む　手順19

10分　↑↓

3. ゴザの上で腕を使って　手順23

巾方向　200回　↑↓
腕で、タテ方向中央まで巻いて100回ずつ転がしたり、角の部分だけを巻いてローリングする。ひっぱりにくくなるまで、丈夫な生地になるまで、好みのサイズ、品質、固さまで縮んだらローリング終了。乾かしたら柔らかくなるので、次の日にローリングを続けることも可。

参考資料
「フェルトメーキング・ウールマジック」2004年刊 3刷
Feltmaking & Wool Magic　2006　Quarry USA
Fabulous Felted Scarves　2007　Lark Books

Backside

Inside

あとはひたすら
力を合わせてローリング

19. 体重をかけて踏む

足を垂直にして体重をかけながら、敷物を踏みしめていく。
この時、敷物を引っぱりながらすこしずつ踏む位置を変えて、ローリングを4セットした後、
この踏んでいく工程を10分、2回する

20. 開けて端をのばす

木槌で敷物をたたきながら、
ペンチで端を伸ばす。

21. 端をこする

石けん水をかけ、端を丁寧に
こする。

22. 巾方向に巻き込む

直径3cmくらいの、長いパイプを用意し
て、敷物を巾方向に巻いていく。

23. 指先から肘まで、腕全体でローリング
3〜4人並んでいっせいに、ローリングする。

24. 敷物の端をこする

固形の石鹸を使ってこすっ
たり、端や角のコンディ
ションを整える。

25. 角の形を整える

ベンチで端を引っ張りなが
ら、木槌で敷物の内側をた
たき、四角の形を整える。

26. ローリング

敷物の巾方向を、好みのサ
イズになるまでローリング
する。ローリング毎にしっ
かりとした端になるよう摩
擦する。

27. 足で踏む

敷物を小さく折り畳み、足
で踏む。最後はすすいで脱
水し、屋外で竿などに掛け
て干す。生乾きのうちに形
を整えアイロンをかける。

28. 乾かして完成

細かい仕上げはチェアマットに準じる。

1989年岩手県盛岡市「羊シンポジウム'89」にて、
モンゴルの本物のゲル。

敷物の応用 **3**

フェルトの家

　遊牧民のフェルトで作った移動式の家のことを、
中国でパオ、モンゴルではゲル、キルギスなどでは
ユルタと呼ばれています。

　直径4～6mほどの円形で、中央の丸天井は2本
の柱によって支えられ、屋根中心部から放射線状に
渡された梁と、壁の外周は木製で菱格子に組まれた
蛇腹式のハナと呼ばれる骨組みで囲われ、屋根と壁
全体はフェルトで覆われています。

　遊牧民は季節により、羊の食べる草地を求めて移
動するたび、このテントを分解し、ラクダやトラッ
クに乗せて運ぶといいます。内部には煮炊きもする
ストーブや家具が置かれてあり、家族が寝食のすべ
てを、この丸い家の中で過ごします。

　そんな遊牧民のシンプルな暮らしに憧れて、パオ
を作りたいという仲間が集まりました。

　右ページのパオは1987年から2年がかりで、「結い
の会」のメンバー約25人が作ったフェルトの家です。

参考資料
大阪千里万博公園内の国立民族学博物館にはモンゴルの本物
のゲルが展示されている。

組立て方

ここでは、結いの会が作ったパオをご紹介します。

1. ハナと玄関を結ぶ

2. 側面にフェルトを巻く

真ん中の丸い天窓を支えながら、梁を組んでいく。骨組みだけの時はグラグラしているが、フェルトで巻くと安定してくる。

3. 天井にフェルトを

4. 乗せる！

ずれていても、中から棒で引っ張れば、位置が整えられる。

5. 天窓とフェルトを結ぶ

6. 布で覆いテープで締める

7. 断熱材や敷物を中に敷き詰めて完了

「結いの会」
お頭：森浩二、管理：本出ますみ、製作場所：片岡淳＆坂田千明宅、猿澤恵子、小原隆恵、松岡今日子、堀真紀子、松森久美子、佐藤美佐子、石津有一・ケメ、宮本一、猪子昭則、西村健、中村恵美、宮本裕子、渡辺美樹子、倉谷礼子、安江容子、山中晴夫、三好恵美子、秋田恭子、野田尚、野田聡子、田中るみ子、新實美代子、山田喜美子、池谷麻木子ほか、飛び入りで手伝ってくださったたくさんの皆様。

フェルトは根気

材料

・敷物には太番手の羊毛がベストだが、ここではコリデールを使った。
　洗って、バット状にカードしておく。敷物1枚分（80×180cm）で　1.3〜1.8kg用意。
　側面、敷物、天井全部で31.3kg使用。
・骨組みのハナと梁は竹製、1680mmの竹の棒を50本程。
　仕上がりは直径3.8mで外周約12m。地面に敷くスノコ用の竹は別途用意する。
・玄関と天井の車輪、紐、断熱材、全体を包む綿布。

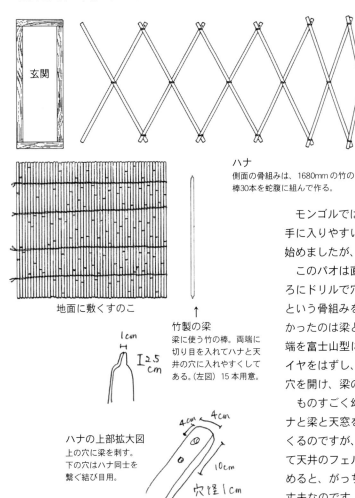

玄関

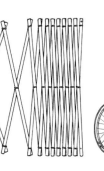

ハナ
側面の骨組みは、1680mmの竹の
棒30本を蛇腹に組んで作る。

天井
梁を差し込む円形の天井。
自転車のスポークを利用。

地面に敷くすのこ

竹製の梁
梁に使う竹の棒。両端に
切り目を入れてハナと天
井の穴に入れやすくして
ある。（左図）15本用意。

1cm

12.5cm

ハナの上部拡大図
上の穴に梁を刺す。
下の穴はハナ同士を
繋ぐ結び目用。

4cm　4cm

10cm

穴径1cm

モンゴルでは骨組みのハナは柳の木で作ると言われていますが、ここでは手に入りやすい竹で作りました。私達は竹を切り出し、節を削るところから始めましたが、竹屋さんに寸法を言って、切って貰ってもいいと思います。

このパオは直径3.8m。竹は40×1680mmを30本使いました。交差するところにドリルで穴を開け、園芸店で買ったシュロの紐で結んで、蛇腹式のハナという骨組みを作りました。梁はハナと同じ長さの竹の棒を15本用意。難しかったのは梁とハナのジョイント部分です。ハナに穴を斜めに開け、梁の先端を富士山型に削り差し込むようにしました。天窓は自転車のスポークのタイヤをはずし、溝に木を曲げながら埋め込み、ボンドで固めてからドリルで穴を開け、梁のもう片端が差し込めるようにしました。

ものすごく幼稚なつくりですが、これでもパオは建つものです。玄関とハナと梁と天窓をジョイントしただけでは安定せず、梁がぽてぽて抜け落ちてくるのですが、側面のフェルトを結びつけたとたん、しっかりします。そして天井のフェルトを載せると梁は安定し、最後に帯の芯で作ったテープで締めると、がっちりしてびくともしない家になりました。面で支えているから丈夫なのです。

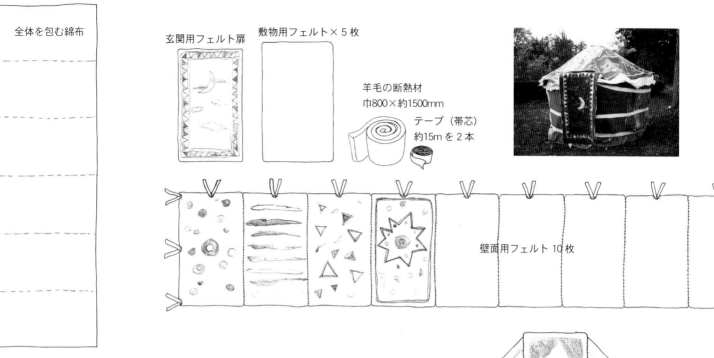

全体を包む綿布

玄関用フェルト扉

敷物用フェルト×5枚

羊毛の断熱材
巾800×約1500mm

テープ（帯芯）
約15mを2本

壁面用フェルト10枚

天井用フェルト

　フェルトの敷物は全部で25枚作りました。1枚は畳1枚分くらいの大きさ（90×150cm）で、約6層1.3〜1.8kgの羊毛を使いました。最初は1日20人がかりで1枚しか出来ませんでしたが、最後のほうは慣れてきて、数人で1日2枚作りました。

　作り方は、今のように効率的なものではなく、熱湯はかけ放題、石けん使い放題、泡は立ち放題で、排水は流れないくらい泡だらけ、何よりローリングは力まかせに踏みつけて、デザインはズレ放題。そして出来上がったフェルトは、というとしっかりしたものではなく、ふわふわのワタに近いくらいの甘いフェルトの敷物でありました。今回ご紹介したジョリーさ

んの敷物と比べたら雲泥の差です。でも皆で共同制作した楽しさと、パオを建てて中で寛いだ時の居心地のよさはかけがえのないものです。時間はかかりますが、やりたい仲間が数人集まれば実現できます。フェルトはヤル気と根気です。

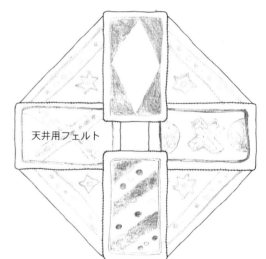

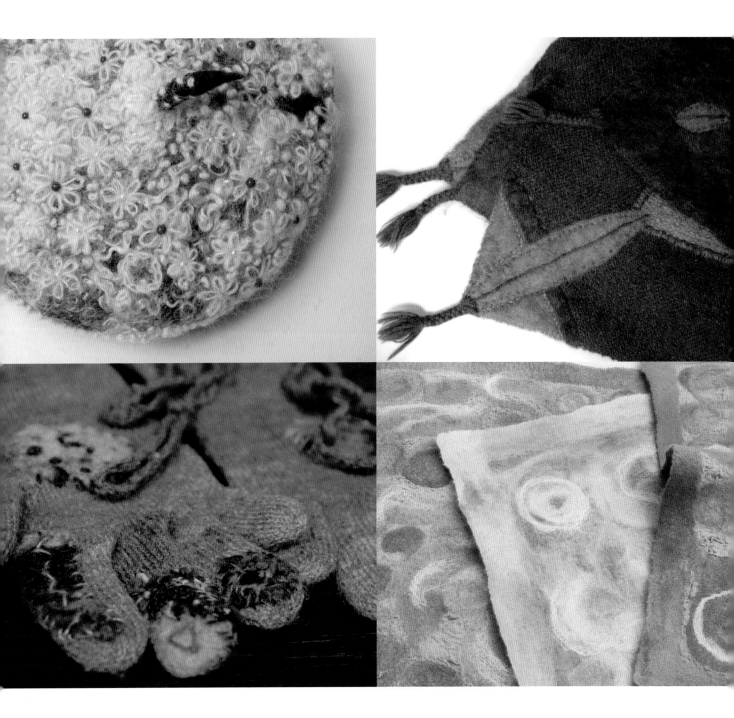

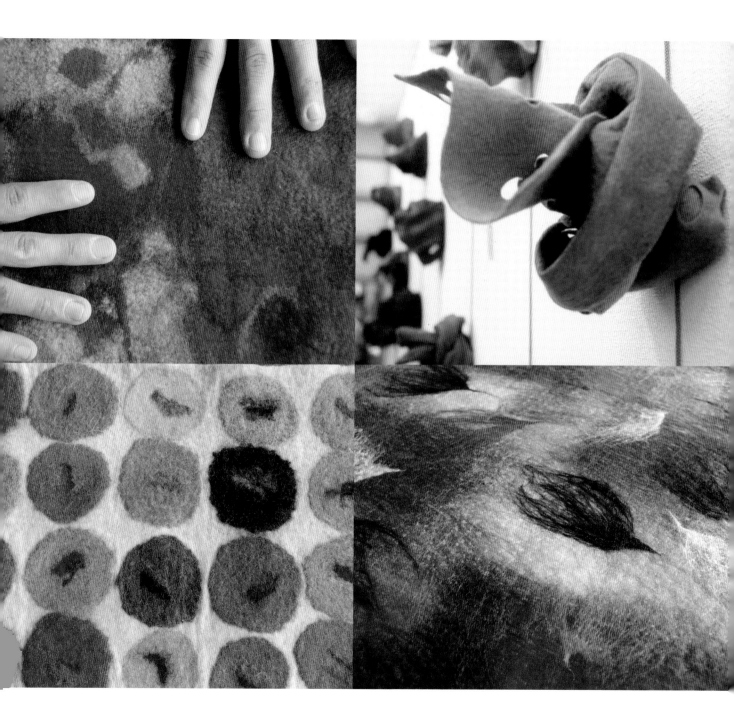

掲載作品の作者名リスト

写真協力　英国羊毛公社　P. 6 Herdwick, P. 7 Black Welsh Mountain
　　　　　宮内庁正倉院事務所
　　　　　小林ゆう　P. 63

29	27	24	19		11	6	1
30	28	25	20		12	7	2
		26	21	16	13	8	3
31		22	17	14	9	4	
		23	18	15	10	5	

表紙

32	34	36	38
33	35	37	39

P. 70　　　　　　　　　　　　　　　　P. 71

上記作家の詳しい情報は、スピンハウスポンタのHPをご覧ください。
http://www.spinhouse-ponta.com/

　スピナッツは、羊と糸紡ぎに夢中になった SPIN NUTS のための情報誌として1985年にスタートしました。その間、紡ぎ織り編みフェルト、そして羊飼いの仲間がどんどん増え、現在年3回発行する雑誌に成長しました。今回の「フェルト自由自在」は、この22年間のフェルト特集の総編集です。毎回誌面を賑わせた話題の作品や技術を編集。再構成に快く協力してくださった34名のフェルト作家の皆さんに、心より感謝いたします。　　本出ますみ

❀SPINNUTS❀ スピナッツ
Sheep & Wool 暮らしを紡ぐ 情報誌
定期購読にて年間3冊（5、9、1月）発行
P. 64　1冊　￥1,470（税、送料込み）

No.70
1枚のフリースから　コリデール／
羊のいる暮らし／庭木の恵み ─ 梅　他

既刊本
スピナッツの本棚　　好評発売中！

1 **羊料理の本**　羊まるごと食べつくす　￥1,260
　羊飼い：武藤浩史／料理人：河内忠一

2 **はじめての糸つむぎ**　￥1,365
　羊毛洗い、紡ぎ、スピンドルの基本を羊マニア好みに編集

3 **あそびのしごと**　￥525
　猿澤恵子　あつまってきた物たちから、紡ぐ 織る つくろう

4 **ひつじのぬりえ**　￥525
　羊と羊毛のキャラが一目でわかる、スピナーのためのぬりえ

スピナッツの本棚・5
フェルト自由自在
発行日　　2008年7月31日
発行者　　スピナッツ出版 本出ますみ
発行所　　スピナッツ
　　　　　〒603-8344 京都市北区等持院南町46-6
　　　　　TEL 075(462)5966　FAX 075(461)2450
　　　　　office@spinnuts.kyoto.jp
　　　　　http://spinnuts.kyoto.jp
編集　　　本出ますみ、当麻さくら
Supervisor　藤井園子
営業、販売　坂田千明、岡ゆかり
印刷　　　（株）きかんしコム
＊ 本誌の内容を転載される場合は、必ず編集部までご連絡ください。
＊ 落丁、乱丁はお取り替えいたします。